포켓북
왕초보 중국어 단어

포켓북
왕초보 중국어 단어

2019년 9월 05일 초판 1쇄 인쇄
2019년 9월 10일 초판 1쇄 발행

지은이 송미경
발행인 손건
편집기획 김상배, 장수경
마케팅 이언영
디자인 이성세
제작 최승용
인쇄 선경프린테크

발행처 *LanCom* 랭컴
주소 서울시 영등포구 영신로38길 17
등록번호 제 312-2006-00060호
전화 02) 2636-0895
팩스 02) 2636-0896
홈페이지 www.lancom.co.kr

ⓒ 랭컴 2019
ISBN 979-11-89204-47-1 13720

이것만 있으면 만만하게
첫걸음을 뗄 수 있다!

basic
Chinese
words

Book

내손에
펼쳐진
포켓북

왕초보
중국어
단어

송미경 지음

LanCom
Language & Communication

들어가며

중국어 실력은 뭐니뭐니 해도 가장 중요한 것은 단어를 얼마나 많이 알고 있느냐에 달려 있다고 할 수 있습니다. 물론 중국어의 구조를 이해하기 위해서는 어법도 반드시 알아야 하지만, 우선은 어린아이가 단어를 하나하나 익혀가듯이 중국어도 단어를 통해 익혀나가는 것입니다. 이런 점에 있어서 단어의 숙지는 매우 중요한 중국어 학습과정의 하나라고 할 수 있습니다.

따라서 이 책은 중국어를 배우는 데 있어서 반드시 알고 넘어가야 할 기본적인 단어만을 엄선하여, 중국어를 처음 시작하는 학습자에서부터 처음부터 다시 시작하려는 학습자에 이르기까지 초보자의 입장을 고려하여 다음과 같이 엮었습니다.

1. 중국어 기초과정을 마친 학습자가 체계적으로 중국어 단어 실력을 늘려가도록 기본단어를 품사별로 엮었습니다.

2. 그때그때 필요한 단어를 쉽게 찾아서 말할 수 있도록 한 손에 쏙 들어가는 사이즈로 만들었습니다.

3. 모든 단어는 간단하면서도 그 단어의 핵심 뜻을 이해할 수 있도록 알기 쉬운 예문을 통해 익히도록 하였습니다.

4. 표제단어는 병음을 표기하였으며, 아울러 누구라도 쉽게 읽을 수 있도록 한글로 그 발음을 표기하였습니다.

끝으로 학습자가 이 책을 통해 체계적이고 조직적인 학습을 한다면 빠른 시일 내에 일본어 단어 실력을 향상시킬 수 있습니다.

이 책의
내용

◀» 성조(声调)

중국어 성조에는 1성, 2성, 3성, 4성이 있으며 각각의 성조는 발음을 구성하는 매우 중요한 요소이므로 반드시 기억해야 합니다. 4성의 발음 요령은 다음과 같습니다.

≫ 성조의 발음 요령

제 1성 1성은 높고 평평하게 끝까지 힘을 빼지 말고 '솔'의 음높이를 유지합니다.

제 2성 2성은 '미'의 음높이에서 **'솔'로 단숨에 끌어올리며 뒤쪽에 힘을 넣습니다.**

제 3성 3성은 '레'의 음높이에서 **'도'로 낮게 누른 후 가볍게 끝을 상승시킵니다.**

제 4성 4성은 '솔'의 음높이에서 **포물선을 그리듯 빠르게 '도'까지 떨어뜨립니다.**

≫ 성조의 발음 연습

다음의 성조표를 오선지라고 생각하고 성조를 연습해봅시다.

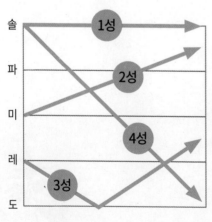

제 1성 : **妈** mā 엄마

제 2성 : **麻** má 삼베

제 3성 : **马** mǎ 말

제 4성 : **骂** mà 혼내다, 욕하다

◀)) 성모(声母)

성모는 우리말의 자음에 해당하는 부분으로 모두 21개로 이루어져 있습니다.

1. 쌍순음

b(o)	p(o)	m(o)	f(o)
[뽀어]	[포어]	[모어]	[포어]

2. 설첨음

d(e)	t(e)	n(e)	l(e)
[뜨어]	[트어]	[느어]	[르어]

3. 설근음

g(e)	k(e)	h(e)
[끄어]	[크어]	[흐어]

4. 설면음

j(i)	q(i)	x(i)
[지]	[치]	[시]

5. 권설음

zh(i)	ch(i)	sh(i)	r(i)
[즈]	[츠]	[스]	[르]

6. 설치음

z(i)	c(i)	s(i)
[쯔]	[츠]	[쓰]

◀» 운모(韵母)

- 중국어 병음에서 운모는 우리말의 모음에 해당됩니다.
- 총 36개의 운모가 있으며, 발음 부위와 방법에 따라 단운모, 복운모, 비운모, 권설운모, 결합운모로 구분됩니다.

1. 단운모(単韵母)

a	o	e	i	u	ü
[아]	[오어]	[으어]	[이]	[우]	[위]

2. 복운모(复韵母)

ai	ei	ao	ou
[아이]	[에이]	[아오]	[어우]

3. 비운모(鼻韵母)

an	en	ang	eng	ong
[안]	[으언]	[앙]	[으엉]	[옹]

4. 권설운모(卷舌韵母)

er
[얼]

5. 결합운모(结合韵母)

① i [yi] 결합운모

ia (ya) [이아]	iao (yao) [이아오]	ie (ye) [이에]	iou (you)(-iu) [이어우]	ian (yan) [이엔]
in (yin) [인]	iang (yang) [이앙]	ing (ying) [잉]	iong (yong) [이옹]	

② u [wu] 결합운모

ua (wa) [우아]	uo (wo) [우어]	uai (wai)(-ui) [우아이]	uei (wei) [우에이]	uan (wan) [우안]
uen (wen)(-un) [우언]	uang (wang) [우앙]	ueng (weng) [우엉]		

③ ü [yu] 결합운모

üe (yue) [위에]	üan (yuan) [위엔]	ün (yun) [윈]

PART 01

명사

001
□
□
□
爸爸
[bàba 빠바]
아빠, 아버지

爸爸的**爸爸**是爷爷。
Bàba de bàba shì yéye.

아버지의 아버지는 할아버지예요.

002
□
□
□
杯子
[bēizi 뻬이쯔]
(음료의) 잔

空出**杯子**。
Kòngchū bēizi.

잔을 비우다.

003
□
□
□
本
[běn 번]
책, 공책

买一个**本**儿。
Mǎi yígè běnr.

공책을 하나 사다.

004
□
□
□
菜
[cài 차이]
채소

上市买**菜**去。
Shàngshì mǎi cài qù.

시장에 채소를 사러 가다.

005
□
□
□
茶
[chá 차]
차, 차나무

你要**茶**吗?
Nǐ yào chá ma?

차 마시겠습니까?

006
□
□
□
出租车
[chūzūchē 추쭈처]
택시

在哪里坐**出租车**?
Zài nǎlǐ zuò chūzūchē.

어디서 택시 타지요?

007
□
□
□
电脑
[diànnǎo 띠엔나오]

컴퓨터

你有电脑吗?
Nǐ yǒu diànnǎo ma?

컴퓨터를 가지고 계십니까?

008
□
□
□
电视
[diànshì 띠엔스]

텔레비전

你经常看电视吗?
Nǐ jīngcháng kàn diànshì ma?

텔레비전을 자주 봅니까?

009
□
□
□
电影
[diànyǐng 띠엔잉]

영화

电影好看吗?
Diànyǐng hǎokàn ma?

영화가 재미있었어요?

010
□
□
□
东西
[dōngxi 똥시]

물건, 사물

东西太贵了。
Dōngxi tàiguì le.

물건이 너무 비쌉니다.

011
□
□
□
同学
[tóngxué 통쉬에]

동창, 학우, 동급생

他是我的同学。
Tā shì wǒ de tóngxué.

그는 제 동창생입니다.

012
□
□
□
儿子
[érzi 얼쯔]

아들

他有一个儿子。
Tā yǒu yīgè érzi.

그는 아들이 하나 있다.

013 □ □ □
饭店
[fàndiàn 판띠엔]
호텔

住在哪个**饭店**?
Zhùzài nǎgè fàndiàn?

어느 호텔에 묵고 계십니까?

---

014 □ □ □
飞机
[fēijī 페이지]
비행기

几点的**飞机**?
Jǐdiǎn de fēijī?

몇 시 비행기예요?

---

015 □ □ □
分钟
[fēnzhōng 펀종]
분

一个小时几**分钟**?
Yígè xiǎoshí jǐ fēnzhōng?

한 시간은 몇 분이에요?

---

016 □ □ □
工作
[gōngzuò 꽁쭈어]
직업, 일자리

工作还没完结。
Gōngzuò hái méi wánjié.

일이 아직 끝나지 않았다.

---

017 □ □ □
狗
[gǒu 거우]
개

多可爱的**狗**!
Duō kěài de gǒu!

정말 귀여운 강아지야!

---

018 □ □ □
号
[hào 하오]
(차례나 순번) 번호

座位**号**是多少?
Zuòwèi hào shì duōshǎo?

좌석 번호가 몇 번이에요?

019 后面
[hòumiàn 허우미엔]
뒤, 뒤쪽

请坐到后面。
Qǐng zuò dào hòumiàn.

뒤로 가서 앉으세요.

020 家
[jiā 지아]
집

她到家了吗?
Tā dào jiā le ma?

그녀는 집에 도착했어요?

021 今天
[jīntiān 진티엔]
오늘

今天几号?
Jīntiān jǐ hào?

오늘은 며칠입니까?

022 块
[kuài 콰이]
덩어리

你用多少块糖?
Nǐ yòng duōshǎo kuài táng.

설탕을 몇 덩어리 넣을까요?

023 老师
[lǎoshī 라오스]
선생님, 스승

老师辛苦了!
Lǎoshī xīnkǔ le!

선생님 수고 많으십니다!

024 里
[lǐ 리]
속, 안

房间里有人。
Fángjiān lǐ yǒu rén.

방 안에 사람이 있다.

025
妈妈
[māma 마마]
엄마, 어머니

妈妈味道怎样?
Māma wèidào zěnyàng?

엄마 맛은 어때?

026
猫
[māo 마오]
고양이

猫怀上小猫了。
Māo huái shàng xiǎomāo le.

고양이가 새끼를 가졌다.

027
米饭
[mǐfàn 메이판]
밥

还要碗米饭吗?
Háiyào wǎn mǐfàn ma?

밥 더 줘요?

028
明天
[míngtiān 밍티엔]
내일

明天他来吗?
Míngtiān tā lái ma?

내일 그가 옵니까?

029
名字
[míngzi 밍쯔]
이름, 성명

叫什么名字?
Jiào shénme míngzì?

이름이 뭐예요?

030
女儿
[nǚ'ér 뉘얼]
딸

他女儿几岁?
Tā nǚer jǐsuì.

그의 딸은 몇 살입니까?

031
朋友
[péngyou 펑여우]
친구, 벗

我们是**朋友**。
Wǒmen shì péngyou.

우리는 친구이다.

032
苹果
[píngguǒ 핑구어]
사과

有几个**苹果**?
Yǒu jǐgè píngguǒ?

사과가 몇 개 있습니까?

033
钱
[qián 치엔]
화폐, 돈

一共多少**钱**?
Yígòng duōshǎo qián?

모두 얼마입니까?

034
前面
[qiánmian 치엔미엔]
앞

她在我**前面**。
Tā zài wǒ qiánmian.

그녀는 내 앞에 있다.

035
人
[rén 런]
사람, 인간

人和**人**之间
Rén hé rén zhījiān

사람과 사람 사이

036
上
[shàng 상]
위

往**上**走。
Wǎng shàng zǒu.

위로 올라가다.

037
商店
[shāngdiàn 상띠엔]
상점, 판매점

他家对面是个商店。
Tā jiā duìmiàn shì gè shāngdiàn.

그의 집 맞은쪽은 상점이다.

038
上午
[shàngwǔ 상우]
오전, 상오

昨天上午我没在家。
Zuótiān shàngwǔ wǒ méi zài jiā.

나는 어제 오전에 집에 없었다.

039
时候
[shíhou 스허우]
때, 시각

我们什么时候回去?
Wǒmen shénme shíhou huíqù?

우리 언제 돌아가니?

040
书
[shū 수]
책

他在看书。
Tā zài kànshū.

그는 책을 보고 있다.

041
水
[shuǐ 수이]
물

水, 水, 大叔!
Shuǐ, shuǐ, dàshū!

물, 물, 아저씨!

042
水果
[shuǐguǒ 수이구어]
과일

想买水果吗?
Xiǎng mǎi shuǐguǒ ma?

과일을 사시게요?

043

岁

[suì 쑤이]

(나이) 살, 세

奶奶已八十岁了。

Nǎinǎi yǐ bāshísuì le.

할머님은 이미 여든 살이세요.

044

天气

[tiānqì 티엔치]

날씨

天气很好。

Tiānqì hěnhǎo.

정말 날씨 좋다.

045

下

[xià 시아]

밑, 아래

向下看。

Xiàngxià kàn.

아래를 보다.

046

先生

[xiānsheng 시엔셩]

선생님, 씨(성인에 대한 경칭)

先生有何贵干?

Xiānsheng yǒu hé guì gàn

선생님께서는 무슨 용무가 있습니까?

047

现在

[xiànzài 시엔짜이]

지금, 현재

现在几点钟?

Xiànzài jǐdiǎn zhōng?

지금 몇 시입니까?

048

小

[xiǎo 샤오]

나이 어린 사람

小不更事。

Xiǎo bú gèng shì.

어려서 세상 물정을 모르다.

049
小姐
[xiǎojiě 샤오지에]
아가씨

小姐, 问一下路。
Xiǎojiě, wèn yíxià lù.

아가씨, 길 좀 물읍시다.

050
下午
[xiàwǔ 시아우]
오후

下午要干什么?
Xiàwǔ yào gàn shénme?

오후에 뭐 할 거예요?

051
星期
[xīngqī 싱치]
주(週), 주일

他一星期后才回来。
Tā yī xīngqī hòu cái huílái.

그는 일주일 후에야 온다.

052
学生
[xuéshēng 쉬에셩]
학생

他不是学生。
Tā bù shì xuéshēng.

그는 학생이 아니다.

053
学校
[xuéxiào 쉬에샤오]
학교

到学校去吗?
Dào xuéxiào qù ma?

학교에 가니?

054
衣服
[yīfu 이푸]
옷, 의복

这身衣服真土。
Zhè shēn yīfu zhēn tǔ.

이 옷은 정말 촌스럽다.

055
☐
☐ **医生**
☐ [yīshēng 이셩]
의사

医生怎么说?
Yīshēng zěnme shuō?

의사가 뭐래요?

056
☐ **医院**
☐ [yīyuàn 이위엔]
☐ 병원

去医院了吗?
Qù yīyuàn le ma?

병원에 가 봤어요?

057
☐ **椅子**
☐ [yǐzi 이쯔]
☐ 의자

老师坐在椅子上。
Lǎoshī zuò zài yǐzi shàng.

선생님은 의자에 앉아 있다.

058
☐ **月**
☐ [yuè 위에]
☐ 달

一个月挣多少?
Yígè yuè zhèng duōshǎo?

한 달에 얼마씩 법니까?

059
☐ **中午**
☐ [zhōngwǔ 종우]
☐ 정오

中午吃什么啊?
Zhōngwǔ chī shénme a?

점심 뭐 먹을 거야?

060
☐ **桌子**
☐ [zhuōzi 주어쯔]
☐ 탁자

书在桌子上面。
Shū zài zhuōzi shàng miàn.

책이 책상 위에 있다.

061
□
□ **字**
□ [zì 쯔]
문자, 글자

这个字怎么念?
Zhègè zì zěnme niàn?

이 글자는 어떻게 읽습니까?

062
□
□ **昨天**
□ [zuótiān 쭈어티엔]
어제

昨天天气怎样?
Zuótiān tiānqì zěnyàng?

어제 날씨는 어땠어요?

063
□
□ **报纸**
□ [bàozhǐ 빠오즈]
신문

你订什么**报纸**?
Nǐ dìng shénme bàozhǐ?

당신은 무슨 신문을 구독합니까?

064
□
□ **宾馆**
□ [bīnguǎn 삥구안]
(규모가 큰) 호텔

这里附近有**宾馆**吗?
Zhèlǐ fùjìn yǒu bīnguǎn ma?

이 근처에 호텔이 있어요?

065
□
□ **等**
□ [děng 덩]
등급

共分三**等**。
Gòng fēn sānděng.

전부 3등급으로 나누다.

066
□
□ **弟弟**
□ [dìdi 띠디]
아우, 친남동생

我有一个**弟弟**。
Wǒ yǒu yīgè dìdi.

나는 동생이 하나 있다.

067
□
□ **房间**
□ [fángjiān 팡지엔]
방

这**房间**太吵了。
Zhè fángjiān tài chǎo le.

이 방은 너무 시끄럽습니다.

068
□
□ **服务员**
□ [fúwùyuán 푸우위엔]
(서비스업의) 종업원

服务员, 拿个菜单。
Fúwùyuán, ná gè càidān.

여기, 메뉴 좀 주세요.

069
□
□ **哥哥**
□ [gēge 꺼거]
형, 오빠

我**哥哥**比我大三岁。
Wǒ gēge bǐ wǒ dà sānsuì.

내 형은 나보다 세 살 많다.

070
□
□ **公共汽车**
□ [gōnggòngqìchē 꿍꿍치처]
버스

我坐**公共汽车**上学。
Wǒ zuò gōnggòngqìchē shàngxué.

나는 버스로 통학합니다.

071
□
□ **公司**
□ [gōngsī 꿍쓰]
회사, 직장

到**公司**去上班。
Dào gōngsī qù shàngbān.

회사에 출근하다.

072
□
□ **孩子**
□ [háizi 하이쯔]
애, 어린이

妈妈抱着**孩子**。
Māma bàozhe háizi.

어머니가 아이를 안고 있다.

073
火车站
[huǒchēzhàn 후어처잔]
기차역

火车站在哪儿?
Huǒchēzhàn zài nǎr?

기차역이 어디에 있습니까?

074
教室
[jiàoshì 쟈오스]
교실

他走进了教室。
Tā zǒujìn le jiàoshì.

그는 교실로 들어왔다.

075
机场
[jīchǎng 지창]
공항, 비행장

去机场接客人。
Qù jīchǎng jiē kèrén.

손님을 맞이하러 공항에 나가다.

076
鸡蛋
[jīdàn 지딴]
달걀

买了一板鸡蛋。
Mǎile yì bǎn jīdàn.

달걀 한 판을 사다.

077
姐姐
[jiějie 지에지에]
누나, 언니

我姐姐是医生。
Wǒ jiějie shì yīshēng.

우리 언니는 의사다.

078
咖啡
[kāfēi 카페이]
커피

需要些咖啡吗?
Xūyào xiē kāfēi ma?

커피 좀 드시겠어요?

079
☐
☐ **课**
☐ [kè 커]
수업, 강의

你喜欢什么课?
Nǐ xǐhuān shénme kè?

어떤 수업을 가장 좋아하세요?

080
☐ **路**
☐ [lù 루]
☐ 길, 도로

看地图找路。
Kàn dìtú zhǎo lù.

지도를 보고 길을 찾다.

081
☐ **妹妹**
☐ [mèimei 메이메이]
☐ 여동생

姐姐比妹妹高。
Jiějie bǐ mèimei gāo.

언니가 동생보다 커요.

082
☐ **门**
☐ [mén 먼]
☐ (출)입구, 현관, 문

这个门打不开。
Zhège mén dǎ bù kāi.

이 문은 열 수 없다.

083
☐ **面条**
☐ [miàntiáo 미엔탸오]
☐ 국수

吃点面条吧。
Chī diǎn miàntiáo ba.

국수라도 좀 드세요.

084
☐ **男**
☐ [nán 난]
☐ 남자, 사내

谁是男主角?
Shéi shì nán zhǔjué?

남자 주인공은 누구예요?

085 牛奶
- [niúnǎi 니우나이]
- 우유

买了牛奶和面包。
Mǎi le niúnǎi hé miànbāo.

우유랑 빵을 샀어요.

086 女
- [nǔ 뉘]
- 여자, 여성

女主人公是谁?
Nǔ zhǔréngōng shì shéi?

여자 주인공이 누구입니까?

087 旁边
- [pángbiān 팡삐엔]
- 옆, 곁, 근처

你旁边有谁?
Nǐ pángbiān yǒu shéi?

당신 옆에 누가 있어요?

088 便宜
- [piányi 피엔이]
- 공짜, 공것

能便宜点儿吗?
Néng piányi diǎner ma?

조금 깎아 주시겠어요?

089 票
- [piào 퍄오]
- 표, 티켓, 증서

您还没买票吧?
Nín hái méi mǎi piào ba?

표 아직 안 사셨죠?

090 铅笔
- [qiānbǐ 치엔비]
- 연필

哪里有铅笔?
Nǎlǐ yǒu qiānbǐ?

연필이 어디에 있어요?

091
妻子
[qīzi 치쯔]
아내

这是我妻子。
Zhè shì wǒ qīzi.

이 사람이 제 집사람입니다.

092
去年
[qùnián 취니엔]
작년

成绩比去年好。
Chéngjì bǐ qùnián hǎo.

성적이 작년보다 낫다.

093
日
[rì 르]
태양, 해

日没沉西。
Rì méi chén xī.

해가 서쪽에 넘어가다.

094
生日
[shēngrì 성르]
생일

祝您生日快乐!
Zhù nín shēngrì kuàilè!

생신을 축하드립니다!

095
身体
[shēntǐ 선티]
몸, 신체

身体好吧?
Shēntǐ hǎo ba?

몸 괜찮아요?

096
时间
[shíjiān 스지엔]
시간

时间太晚了。
Shíjiān tài wǎn le.

시간이 너무 늦었다.

097 □□□ **事情**
[shìqing 스칭]
일, 사건

把**事情**推平了办。
Bǎ shìqing tuī píng le bàn.

일을 공평히 처리하다.

---

098 □□□ **手表**
[shǒubiǎo 서우뱌오]
손목시계

你的**手表**快三分。
Nǐ de shǒubiǎo kuài sānfēn.

네 시계가 3분 빠르군.

---

099 □□□ **手机**
[shǒujī 서우지]
휴대폰

手机放在哪儿了?
Shǒujī fàngzài nǎr le?

휴대폰을 어디다 두었지?

---

100 □□□ **题**
[tí 티]
제목

这道**题**答错了。
Zhè dào tí dá cuò le.

이 문제는 틀리게 대답했다.

---

101 □□□ **外**
[wài 와이]
겉, 밖, 바깥

桌子放在**外**怀里。
Zhuōzi fàngzài wài huáilǐ.

책상을 바깥쪽에 놓다.

---

102 □□□ **晚上**
[wǎnshang 완상]
저녁

晚上有时间吗?
Wǎnshang yǒu shíjiān ma?

저녁에 시간 있어요?

103
☐ **问题**
☐ [wèntí 원티]
☐ 문제

这次考试一共有五个**问题**。
Zhècì kǎoshì yīgòng yǒu wǔgè wèntí.

이번 시험은 모두 다섯 문제다.

104
☐ **小时**
☐ [xiǎoshí 샤오스]
☐ 시간

一**小时**多少钱?
Yì xiǎoshí duōshǎo qián?

시간당 얼마입니까?

105
☐ **西瓜**
☐ [xīguā 시꾸아]
☐ 수박

这**西瓜**很香甜。
Zhè xīguā hěn xiāngtián.

이 수박은 달고 맛있다.

106
☐ **姓**
☐ [xìng 싱]
☐ 성, 성씨

我的**姓**是金。
Wǒ de xìng shì jīn.

저의 성은 김입니다.

107
☐ **希望**
☐ [xīwàng 시왕]
☐ 희망, 소망

你**希望**什么呢?
Nǐ xīwàng shénme ne?

장래 희망이 뭡니까?

108
☐ **雪**
☐ [xuě 쉬에]
☐ 눈

现在下着**雪**吗?
Xiànzài xiàzhexuě ma?

지금 눈이 내립니까?

109
羊肉
[yángròu 양러우]
양고기

羊肉有膻味, 但好吃。
Yángròu yǒu shānwèi, dàn hǎochī.

양고기는 노리지만 맛있다.

110
眼睛
[yǎnjing 이엔징]
눈

睁开你的眼睛。
Zhēng kāi nǐ de yǎnjing.

네 눈을 크게 떠라.

111
颜色
[yánsè 이엔써]
색, 색깔

颜色有五种。
Yánsè yǒu wǔzhǒng.

색상은 다섯 가지예요.

112
药
[yào 야오]
약, 약물

这是我的药。
Zhè shì wǒ de yào.

이것은 내 약입니다.

113
意思
[yìsi 이쓰]
의미, 뜻

那是什么意思?
Nà shì shénme yìsi?

그게 무슨 뜻이야?

114
右边
[yòubiān 여우삐엔]
오른쪽, 우측

请从右边过来。
Qǐng cóng yòubiān guòlái.

오른쪽으로 돌아가세요.

명사

115
鱼
[yú 위]
물고기

我讨厌鱼, 我不吃鱼。
Wǒ tǎoyàn yú, wǒ bù chī yú.

나는 물고기가 싫어서 안 먹는다.

116
运动
[yùndòng 윈뚱]
운동

你喜欢运动吗?
Nǐ xǐhuan yùndòng ma?

운동하는 것을 좋아하십니까?

117
早上
[zǎoshang 자오상]
아침

早上吃什么?
Zǎoshang chī shénme?

아침에 무엇을 먹니?

118
丈夫
[zhàngfu 장푸]
남편

他是我丈夫。
Tā shì wǒ zhàngfu.

저이는 내 남편입니다.

119
左边
[zuǒbiān 쭈어삐엔]
왼쪽, 좌측

你坐我左边!
Nǐ zuò wǒ zuǒbiān!

너는 내 왼편에 앉거라!

120
阿姨
[āyí 아이]
아주머니, 아줌마

阿姨, 来一杯水。
Āyí, lái yībēi shuǐ.

아줌마, 물 한 컵 주세요.

33

121
☐
☐
☐

班

[bān 빤]

조, 그룹, 반

我们**班**谁最高?

Wǒmen bān shéi zuìgāo?

우리 반에서 누가 제일 커?

122
☐
☐
☐

办法

[bànfǎ 빤파]

방법, 수단, 방식

有什么好**办法**?

Yǒu shénme hǎo bànfǎ?

뭐 좋은 방법 있을까?

123
☐
☐
☐

办公室

[bàngōngshì 빤꽁스]

사무실

他在**办公室**不?

Tā zài bàngōngshì bù?

그는 사무실에 있나요?

124
☐
☐
☐

北方

[běifāng 베이팡]

북방, 북쪽

北方的冬天来得早。

Běifāng de dōngtiān láidé zǎo.

북쪽 지방의 겨울은 빨리 온다.

125
☐
☐
☐

笔记本

[bǐjìběn 비지번]

노트, 수첩

这**笔记本**一本多少钱?

Zhè bǐjìběn yīběn duōshǎo qián?

이 공책은 한 권에 얼마 해요?

126
☐
☐
☐

冰箱

[bīngxiāng 삥시앙]

아이스박스, 냉장고

冰箱里还有吃儿吗?

Bīngxiāng lǐ hái yǒu chī ér ma?

냉장고 안에 아직 먹을 게 남았니?

127
比赛
[bǐsài 비싸이]

경기, 시합

比赛结果怎样?
Bǐsài jiéguǒ zěnyàng?

그 경기 결과가 어떻게 됐습니까?

128
鼻子
[bízi 비쯔]

코

他鼻子在流血。
Tā bízi zài liúxuè.

그는 코에서 피가 흘렀다.

129
才能
[cáinéng 차이넝]

재능, 재주, 능력

才能不及中人。
Cáinéng bùjí zhōngrén.

재능이 보통 사람에 못 미치다.

130
菜单
[càidān 차이딴]

메뉴, 식단, 차림표

给我看看菜单。
Jǐ wǒ kànkàn càidān.

메뉴를 보고 싶은데요.

131
草
[cǎo 차오]

풀

牛以草为食。
Niú yǐ cǎo wéi shí.

소는 풀을 먹고 산다.

132
层
[céng 청]

층(중첩된 것)

食品在哪一层卖?
Shípǐn zài nǎ yīcéng mài?

식품은 어느 층에서 판매합니까?

133

超市
[chāoshì 차오스]
슈퍼마켓

超市有各种食品。
Chāoshì yǒu gèzhǒng shípǐn.

슈퍼마켓에는 갖가지 식료품이 다 있다.

134

成绩
[chéngjì 청지]
성적, 성과

我的成绩比他差。
Wǒ de chéngjì bǐ tā chà.

저의 성적은 그보다 아래예요.

135

城市
[chéngshì 청스]
도시

上海是一个花花城市。
Shànghǎi shì yígè huāhuā chéngshì.

상해는 번화한 도시이다.

136

衬衫
[chènshān 천산]
와이셔츠, 셔츠

喜欢这件衬衫。
Xǐhuān zhè jiàn chènshān.

이 셔츠가 마음에 들어요.

137

船
[chuán 추안]
배, 선박

船浮在水面上。
Chuán fú zài shuǐmiàn shàng.

배가 수면에 떠 있다.

138

春
[chūn 춘]
봄, 봄철

今年春上雨水多。
Jīnnián chūn shàng yǔshuǐ duō.

올봄에는 비가 많았다.

139
词典
[cídiǎn 츠디엔]
사전

这是什么词典?
Zhè shì shénme cídiǎn?

이것은 무슨 사전입니까?

140
带
[dài 따이]
띠, 벨트

勒紧裤带。
Lēijǐn kùdài.

허리띠를 졸라매다.

141
蛋糕
[dàngāo 딴까오]
케이크, 카스텔라

这个蛋糕太甜。
Zhègè dàngāo tài tián.

이 케이크는 너무 달다.

142
灯
[dēng 떵]
등

灯已经灭了。
Dēng yǐjīng mièle.

등불은 이미 꺼졌다.

143
电梯
[diàntī 띠엔티]
엘리베이터

请坐电梯上楼。
Qǐng zuò diàntī shàng lóu.

엘리베이터를 타고 올라 가십시오.

144
电子邮件
[diànzǐyóujiàn 띠엔쯔여우지엔]
전자우편, 이메일

我想发电子邮件。
Wǒ xiǎng fā diànzǐyóujiàn.

이메일을 좀 보내고 싶은데요.

145
☐
☐ **地方**
☐ [dìfang 띠팡]
장소, 곳

去什么地方?
Qù shénme dìfang?

어느 곳에 갑니까?

146
☐
☐ **地铁**
☐ [dìtiě 띠티에]
지하철

你上班坐地铁吗?
Nǐ shàngbān zuò dìtiě ma?

지하철로 출근하십니까?

147
☐
☐ **地图**
☐ [dìtú 띠투]
지도

有市区地图吗?
Yǒu shìqū dìtú ma?

시내 지도는 있습니까?

148
☐
☐ **东**
☐ [dōng 똥]
동쪽, 동방

一个往东, 一个往西。
Yígè wǎng dōng, yígè wǎng xī

한 사람은 동쪽으로 가고, 한 사람은 서쪽으로 가다.

149
☐
☐ **冬**
☐ [dōng 똥]
겨울, 겨울철

春夏秋, 还有冬。
Chūn xià qiū, háiyǒu dōng.

봄, 여름, 가을, 그리고 겨울.

150
☐
☐ **动物**
☐ [dòngwù 똥우]
동물

熊为杂食性动物。
Xióng wéi záshíxìng dòngwù.

곰은 잡식성 동물이다.

151
耳朵
[ěrduo 얼두어]
귀

耳朵听不清楚。
Ěrduo tīng bù qīngchǔ.

귀가 잘 안 들립니다.

152
刚才
[gāngcái 깡차이]
지금 막, 방금

刚才他来了。
Gāngcái tā lái le.

지금 막 그가 왔다.

153
感冒
[gǎnmào 간마오]
감기

他得了重感冒。
Tā dé le zhòng gǎnmào.

그는 지독한 감기에 걸렸다.

154
跟
[gēn 껀]
발뒤꿈치

足跟皲裂。
Zú gēn jūnliè.

발뒤꿈치가 갈라 터지다.

155
根据
[gēnjù 껀쥐]
근거

说话要有根据。
Shuōhuà yào yǒu gēnjù.

말에는 근거가 있어야 한다.

156
个子
[gèzi 꺼쯔]
(사람의) 키, 체격

你说你个子多高?
Nǐ shuō nǐ gèzi duō gāo?

키가 몇이라고요?

157 ☐ ☐ ☐	**公斤** [gōngjīn 꽁진] 킬로그램(kg)	**一公斤是一千克。** Yī gōngjīn shì yī qiānkè. 1킬로그램은 1,000그램이다.
158 ☐ ☐ ☐	**公园** [gōngyuán 꽁위엔] 공원	**在公园里散步。** Zài gōngyuán lǐ sànbù. 공원에서 산책하다.
159 ☐ ☐ ☐	**关系** [guānxi 꾸안시] 관계, 연줄	**什么关系?** Shénme guānxi? 어떠한 관계인가?
160 ☐ ☐ ☐	**国家** [guójiā 구어지아] 국가, 나라	**国家为何存在?** Guójiā wéihé cúnzài? 국가는 무엇을 위해 존재하는가?
161 ☐ ☐ ☐	**故事** [gùshi 꾸스] 이야기, 옛날이야기	**故事有趣么?** Gùshi yǒuqù me? 이야기가 재미있어요?
162 ☐ ☐ ☐	**黑板** [hēibǎn 헤이반] 칠판	**看不见黑板上的字。** Kàn bù jiàn hēibǎn shàng de zì. 칠판의 글씨가 안 보입니다.

163
后来
[hòulái 허우라이]
그 후, 그 다음

后来怎么样?
Hòulái zěnmeyàng?

그후에 어떻게 되었습니까?

164
花
[huā 후아]
꽃

这花是不如那花。
Zhè huā shì bùrú nà huā.

이 꽃은 그 꽃만 못하다.

165
坏
[huài 화이]
못된 수작, 나쁜 생각

一班坏家伙。
Yībān huài jiāhuǒ.

한 떼의 나쁜 녀석들.

166
环境
[huánjìng 후안징]
환경

适应新环境。
Shìyīng xīn huánjìng.

새로운 환경에 적응하다.

167
会议
[huìyì 후이이]
회의

我会议迟到了。
Wǒ huìyì chídàole.

회의에 늦어서 미안합니다.

168
护照
[hùzhào 후자오]
여권

请出示你的护照。
Qǐng chūshì nǐ de hùzhào.

여권을 보여 주시겠어요?

169
极
[jí 지]
정점, 꼭대기

登峰造**极**。
Dēng fēng zào jí

최고의 경지에 이르다.

170
角
[jiǎo 쟈오]
뿔

头上长**角**。
Tóushàng zhǎng jiǎo.

머리에 뿔이 돋다.

171
脚
[jiǎo 쟈오]
발

这鞋不跟**脚**了。
Zhè xié bù gēnjiǎo le.

이 신발은 발에 맞지 않는다.

172
街道
[jiēdào 지에따오]
거리, 길거리

街道上人很多。
Jiēdào shàng rén hěnduō.

길거리에 사람이 많다.

173
节目
[jiémù 지에무]
프로그램

收看电视**节目**。
Shōukàn diànshì jiémù.

텔레비전 프로그램을 시청하다.

174
节日
[jiérì 지에르]
기념일, 경축일

节日是怎么过的?
Jiérì shì zěnme guò de?

명절을 어떻게 보냈습니까?

175
□
□
□
机会
[jīhuì 지후이]
기회, 시기

好机会来了。
Hǎo jīhuì lái le.

좋은 기회가 왔다

176
□
□
□
季节
[jìjié 지지에]
계절, 철

喜欢哪个季节?
Xǐhuān něigè jìjié?

어느 계절을 좋아하세요?

177
□
□
□
经常
[jīngcháng 징창]
평소, 일상

经常穿着。
jīngcháng chuān zhe

평상복

178
□
□
□
经理
[jīnglǐ 징리]
경영관리 책임자, 지배인

得到经理允许。
Dédào jīnglǐ yǔnxǔ.

지배인의 허락을 받다

179
□
□
□
句子
[jùzi 쥐쯔]
문장

比较这些句子。
Bǐjiào zhèxiē jùzi.

이 문장들을 비교해라.

180
□
□
□
客人
[kèrén 커런]
손님, 방문객

来几位客人?
Lái jǐwèi kèrén?

손님이 몇 명 오십니까?

181
口
[kǒu 커우]
입

还是开不了口。
Hái shì kāi bù le kǒu.

입이 떨어지지 않았다.

182
筷子
[kuàizi 콰이쯔]
젓가락

用筷子吃饭。
Yòng kuàizi chī fàn.

젓가락으로 밥을 먹다.

183
裤子
[kùzi 쿠쯔]
바지

裤子多少钱?
Kùzi duōshǎo qián?

바지 얼마예요?

184
脸
[liǎn 리엔]
얼굴

用冷水洗脸。
Yòng lěngshuǐ xǐ liǎn.

찬물로 세수하다.

185
聊天
[liáotiān 랴오티엔]
잡담, 채팅

上网聊天吗?
Shàngwǎng liáotiān ma?

인터넷 채팅을 합니까?

186
邻居
[línjū 린쮜]
이웃집, 이웃사람

和邻居打交道。
Hé línjū dǎjiāodào.

이웃과 사귀다.

187
历史
[lìshǐ 리스]
역사

历史是什么?
Lìshǐ shì shénme?

역사란 무엇인가?

188
礼物
[lǐwù 리우]
선물, 예물

送什么礼物好?
Sòng shénme lǐwù hǎo?

어떤 선물을 하면 좋겠습니까?

189
楼
[lóu 러우]
(2층 이상의) 다층 건물

三层小楼。
sāncéng xiǎo lóu

삼층 짜리 작은 건물

190
马
[mǎ 마]
말

他骑上了马。
Tā qí shàng le mǎ.

그는 말에 올라탔다.

191
帽子
[màozi 마오쯔]
모자

这顶帽子正好。
Zhè dǐng màozi zhènghǎo.

이 모자는 딱 맞는다.

192
米
[mǐ 미]
쌀

这袋米有几多重?
Zhè dài mǐ yǒu jǐduō zhòng?

이 자루의 쌀은 무게가 얼마나 되는가?

193
□
□ **面包**
□ [miànbāo 미엔빠오]
빵

和面做**面包**。
Huómiàn zuò miànbāo.

밀가루를 반죽하여 빵을 만들다.

194
□ **奶奶**
□ [nǎinai 나이나이]
□ 할머니

我**奶奶**今年都八十了。
Wǒ nǎinai jīnnián dōu bāshí le.

우리 할머니는 올해 벌써 80이다.

195
□ **南**、
□ [nán 난]
□ 남, 남쪽

打这儿往**南**看。
Dǎ zhèr wǎng nán kàn.

여기서 남쪽 방향이다.

196
□ **年级**
□ [niánjí 니엔지]
□ 학년

你几**年级**? / 一**年级**。
Nǐ jǐ niánjí? / Yī niánjí.

너는 몇 학년이니? / 1학년입니다.

197
□ **鸟**
□ [niǎo 니아오]
□ 새, 날짐승

鸟的种类多极了。
Niǎo de zhǒnglèi duōjí le.

새의 종류는 아주 많다.

198
□ **盘子**
□ [pánzi 판쯔]
□ 쟁반

托着**盘子**上菜。
Tuōzhe pánzi shàngcài.

쟁반에 요리를 받쳐 올리다.

199
啤酒
[píjiǔ 피지우]
맥주

都有什么**啤酒**?
Dōu yǒu shénme píjiǔ?

어떤 종류의 맥주가 있습니까?

200
瓶子
[píngzi 핑쯔]
병

瓶子里装的什么?
Píngzi lǐ zhuāng de shénme?

이 병에 들어있는 게 뭐죠?

201
皮鞋
[píxié 피시에]
가죽구두

这**皮鞋**多少钱?
Zhè píxié duōshǎo qián?

이 구두 얼마예요?

202
秋
[qiū 치우]
가을

夏去**秋**来。
Xià qù qiū lái.

여름이 가고 가을이 오다.

203
伞
[sǎn 싼]
우산

这是谁的**伞**?
Zhè shì shéi de sǎn?

이것은 누구의 우산이니?

204
生气
[shēngqì 성치]
생기, 생명력, 활력

虎虎有**生气**。
Hǔhǔ yǒu shēngqì.

활력과 생기가 넘쳐나다.

205
声音
[shēngyīn 성인]
소리, 목소리

声音再大一点。
Shēngyīn zài dà yīdiǎn.

소리를 조금 더 크게 해라.

206
世界
[shìjiè 스지에]
세계

周游世界各国。
Zhōuyóu shìjiè gèguó.

세계 여러 나라를 돌아다니다.

207
树
[shù 수]
나무, 수목

在运动场周围种树。
Zài yùndòngchǎng zhōuwéi zhòng shù.

운동장 둘레에 나무를 심다.

208
水平
[shuǐpíng 수이핑]
수평, 수준

外语水平测试。
Wàiyǔ shuǐpíng cèshì.

외국어 수준을 테스트하다

209
叔叔
[shūshu 수수]
숙부, 작은아버지, 삼촌

称呼他叔叔。
Chēnghū tā shūshu.

그를 아저씨라고 부른다.

210
数学
[shùxué 수쉬에]
수학

数学容易吗?
Shùxué róngyì ma?

수학이 쉬워요?

211 司机
[sījī 쓰지]
기사, 운전사

司机把车往左转。
Sījī bǎ chē wǎng zuǒ zhuàn.

운전사가 자동차를 왼쪽으로 틀다.

---

212 太阳
[tàiyáng 타이양]
태양, 해

太阳偏西了。
Tàiyáng piān xī le.

해가 서쪽으로 기울었다.

---

213 体育
[tǐyù 티위]
체육

在体育中心报名。
Zài tǐyù zhōngxīn bàomíng.

스포츠 센터를 끊다.

---

214 同事
[tóngshì 통스]
동료

他是我的同事。
Tā shì wǒ de tóngshì.

그는 나의 동료이다.

---

215 头发
[tóufa 터우파]
머리카락

要洗头发吗?
Yào xǐ tóufa ma?

머리를 감겨 드릴까요?

---

216 腿
[tuǐ 투이]
다리

他腿上挂伤了。
Tā tuǐ shàng guà shāngle.

그는 다리에 상처를 입었다.

217
图书馆
[túshūguǎn 투수구안]
도서관

来图书馆学习。
Lái túshūguǎn xuéxí.

도서관에 공부를 하러 왔어요.

218
碗
[wǎn 완]
사발, 공기, 그릇

碗里盛满了饭。
Wǎn lǐ shèng mǎn le fàn

공기에 밥을 가득 담았다.

219
位
[wèi 웨이]
자리, 곳, 위치

请客人坐上位。
Qǐng kèrén zuò shàngwèi.

손님을 상석에 모시다.

220
文化
[wénhuà 원후아]
문화

成为文化中心。
Chéngwéi wénhuà zhōngxīn.

문화의 중심지가 되다.

221
西
[xī 시]
서쪽

从这儿往西。
Cóng zhèr wǎng xī.

여기에서 서쪽으로 가다.

222
夏
[xià 시아]
여름

无事过者一夏。
Wú shì guò zhě yī xià.

아무 일 없이 이 여름을 보냈다.

223 先
[xiān 시엔]
원래, 처음

有言在**先**。
Yǒu yán zài xiān.

미리 말해두다.

224 香蕉
[xiāngjiāo 시앙쟈오]
바나나

我喜欢吃**香蕉**。
Wǒ xǐhuān chī xiāngjiāo.

나는 바나나를 좋아한다.

225 校长
[xiàozhǎng 샤오장]
학교장

首先, 请**校长**讲话。
Shǒuxiān, qǐng xiàozhǎng jiǎnghuà.

먼저 교장선생님의 말씀을 듣겠습니다.

226 习惯
[xíguàn 시꾸안]
버릇, 습관, 풍습

改变不良**习惯**。
Gǎibiàn bùliáng xíguàn.

나쁜 습관을 고치다.

227 行李箱
[xínglǐxiāng 싱리시앙]
트렁크, 여행용 가방

丢了一个大**行李箱**。
Diū le yígè dà xínglǐxiāng.

큰 트렁크 하나를 잃어버렸어요.

228 新闻
[xīnwén 신원]
(매스컴의) 뉴스

我爱看**新闻**。
Wǒ ài kàn xīnwén.

뉴스를 즐겨 봅니다.

229 信用卡
[xìnyòngkǎ 신용카]

신용카드

用信用卡结算。

Yòng xìnyòngkǎ jiésuàn.

신용카드 결제로 하겠습니다.

230 熊猫
[xióngmāo 시옹마오]

팬더

动物园里有四只熊猫。

Dòngwùyuán lǐ yǒu sìzhǐ xióngmāo.

동물원에는 팬더곰이 네 마리나 있습니다.

231 洗手间
[xǐshǒujiān 시서우지엔]

화장실

洗手间在哪儿?

Xǐshǒujiān zài nǎr?

화장실은 어디에 있습니까?

232 爷爷
[yéye 예예]

할아버지, 조부

爷爷高寿多少?

Yéye gāoshòu duōshǎo?

할아버지 연세는 어떻게 되십니까?

233 一边
[yìbiān 이삐엔]

한쪽, 한 편, 한 면

他把我拉到一边。

Tā bǎ wǒ lā dào yībiān.

그는 나를 한쪽으로 끌었다.

234 一会儿
[yíhuìr 이후알]

잠시, 잠깐, 잠깐 동안

休息一会儿。

Xiūxi yíhuìr.

잠시 쉬다.

235 银行
[yínháng 인항]

은행

银行几点开门?

Yínháng jǐdiǎn kāimén?

은행은 몇 시에 시작합니까?

236 饮料
[yǐnliào 인랴오]

음료

我想要一杯饮料。

Wǒ xiǎng yào yībēi yǐnliào.

나는 음료수를 한 잔 마시고 싶다.

237 音乐
[yīnyuè 인위에]

음악

随音乐起舞。

Suí yīnyuè qǐ wǔ.

음악에 맞추어 춤을 추다.

238 以前
[yǐqián 이치엔]

과거, 이전

以前见过吧?

Yǐqián jiàn guò ba?

이전에 만나 본 적이 있지요?

239 游戏
[yóuxì 여우시]

게임

迷醉于电脑游戏。

Mízuì yú diànnǎo yóuxì.

컴퓨터 게임에 깊이 빠지다.

240 月亮
[yuèliang 위에리앙]

달

月亮落山了。

Yuèliang luò shān le

달이 서산에 지다.

241 照片
[zhàopiàn 자오피엔]
사진

看这张照片。
Kàn zhè zhāng zhàopiàn.
이 사진 좀 봐.

242 照相机
[zhàoxiàngjī 자오시앙지]
카메라

用照相机拍照。
Yòng zhàoxiàngjī pāizhào.
사진기로 사진을 찍다.

243 种
[zhǒng 종]
종자, 열매, 씨(앗)

种一株树苗。
Zhǒng yīzhū shùmiáo.
묘목 한 그루를 심다.

244 中间
[zhōngjiān 종지엔]
중간

夹在两个人的中间。
Jiā zài liǎnggè rén de zhōngjiān.
두 사람의 중간에 끼이다.

245 周末
[zhōumò 주어모]
주말

请避开周末。
Qǐng bìkāi zhōumò.
주말은 피해주세요.

246 自行车
[zìxíngchē 쯔싱처]
자전거

骑自行车。
Qí zìxíngchē.
자전거를 타다.

247
嘴
[zuǐ 쭈이]
입의 통칭, 부리, 주둥이

张大嘴。
Zhāng dà zuǐ.
입을 크게 벌리다.

248
最后
[zuìhòu 쭈이허우]
최후, 끝

最后期限已过。
Zuìhòu qīxiàn yǐ guò.
마지막 기한이 이미 지났다.

249
最近
[zuìjìn 쭈이진]
최근, 요즈음

他最近搬家了。
Tā zuìjìn bānjiā le.
그는 최근에 이사했다.

250
作业
[zuòyè 쭈어예]
숙제, 과제

作业都做了吗?
Zuòyè dōu zuò le ma?
숙제는 다 했어요?

251
爱情
[àiqíng 아이칭]
애정, 사랑

这是爱情吗?
Zhè shì àiqíng ma?
이게 사랑일까?

252
百分之
[bǎifēnzhī 바이펀즈]
퍼센트

提高百分之二十。
Tígāo bǎifēnzhī èrshí.
20퍼센트 인상하다.

253

棒

[bàng 빵]

몽둥이, 방망이

这次他接了棒。

Zhècì tā jiēle bàng.

이번에 그가 바통을 받았다.

254

包子

[bāozi 빠오쯔]

(소가 든) 찐빵

捡十个包子。

Jiǎn shígè bāozi.

찐빵을 열 개 꺼내다.

255

表格

[biǎogé 뱌오거]

표, 도표, 서식

请填写表格。

Qǐng tiánxiě biǎogé.

이 도표를 채워주세요.

256

标准

[biāozhǔn 뱌오준]

표준, 기준, 잣대

是标准尺码吗?

Shì biāozhǔn chǐmǎ ma?

표준 사이즈인가요?

257

饼干

[bǐnggān 빙깐]

비스킷, 과자

你不要一点饼干吗?

Nǐ bùyào yīdiǎn bǐnggān ma?

과자 좀 먹지 않을래요?

258

博士

[bóshì 보스]

박사

博士课程结业。

Bóshì kèchéng jiéyè.

박사 과정을 수료하다.

259
部分
[bùfen 뿌펀]
부분, 일부분

腰部部分紧吗?
Yāobù bùfen jǐn ma?

허리 부분이 타이트한가요?

260
材料
[cáiliào 차이랴오]
재료, 원료

材料用完了。
Cáiliào yòng wánle.

재료를 다 썼다.

261
餐厅
[cāntīng 찬팅]
식당

餐厅什么时候开?
Cāntīng shénmeshíhòu kāi?

식당은 몇 시부터 엽니까?

262
厕所
[cèsuǒ 처쑤어]
변소, 뒷간

劳驾, 厕所在哪儿?
Láojià, cèsuǒ zài nǎr?

실례합니다만, 화장실은 어디에 있습니까?

263
场
[chǎng 창]
장소, 곳

熊饲养场
xióng sìyǎng chǎng

곰 사육장

264
长城
[Chángchéng 창청]
만리장성의 줄임말

长城有多长?
Chángchéng yǒu duō cháng?

만리장성은 길이가 얼마나 됩니까?

265
窗户
[chuānghu 추앙후]
창문, 창

要开窗户吗?
Yào kāi chuānghu ma?

창문을 열까요?

266
传真
[chuánzhēn 추안전]
팩시밀리, 팩스

请发传真给我。
Qǐng fā chuánzhēn jǐ wǒ.

팩스로 보내 주세요.

267
厨房
[chúfáng 추팡]
주방, 부엌

妈正在厨房炒菜。
Mā zhèng zài chúfáng chǎocài.

어머니는 주방에서 요리하고 있다.

268
词语
[cíyǔ 츠위]
단어와 어구, 어휘

丰富的词语
fēngfù de cíyǔ

풍부한 어휘

269
错误
[cuòwù 추어우]
착오, 잘못

他犯了错误。
Tā fàn le cuòwù.

그는 잘못을 저질렀다.

270
答案
[dá'àn 다안]
답안, 해답

答案是什么?
Dá'àn shì shénme?

답은 뭐지?

271
大夫
[dàifu 따이푸]
의사

请大夫看了没有?
Qǐng dàifū kàn le méiyǒu?

의사에게 진료를 받았나요?

272
当时
[dāngshí 땅스]
당시, 그 때

当时不知情。
Dāngshí bùzhī qíng.

그땐 몰랐다.

273
刀
[dāo 따오]
칼

这把刀很利。
Zhè bǎ dāo hěn lì

이 칼은 아주 날카롭다.

274
到处
[dàochù 따오추]
도처, 곳곳, 이르는 곳

到处参观了首尔。
Dàochù cānguān le shǒuěr

서울 여기저기 구경했어요.

275
导游
[dǎoyóu 다오여우]
관광 안내원, 가이드

有导游吗?
Yǒu dǎoyóu ma?

가이드가 있습니까?

276
大使馆
[dàshǐguǎn 따스구안]
대사관

去韩国大使馆怎么走?
Qù Hánguó dàshǐguǎn zěnme zǒu?

한국대사관으로 어떻게 갑니까?

PART 01

277 ☐☐☐ **登机牌** [dēngjīpái 떵지파이] 탑승권	请出示下**登机牌**好吗? Qǐng chūshì xià dēngjīpái hǎo ma? 탑승권을 보여 주시겠어요?
278 ☐☐☐ **底** [dǐ 디] 밑, 바닥	猫爬进床**底**。 Māo pá jìn chuáng dǐ. 고양이가 침대 밑에 기어들다.
279 ☐☐☐ **地点** [dìdiǎn 띠디엔] 지점, 위치	绕过返回**地点**。 Ràoguò fǎnhuí dìdiǎn. 반환 지점을 돌다.
280 ☐☐☐ **地球** [dìqiú 띠치우] 지구	**地球**是圆的。 Dìqiú shì yuán de. 지구는 둥글다.
281 ☐☐☐ **地址** [dìzhǐ 띠즈] 소재지, 주소	请告诉一下**地址**。 Qǐng gàosù yīxià dìzhǐ. 주소 좀 알려주세요.
282 ☐☐☐ **动作** [dòngzuò 똥쭈어] 동작, 행동	**动作**真帅气! Dòngzuò zhēn shuàiqì! 동작이 정말 멋지다!

60

283
短信
[duǎnxìn 두안신]
짧은 편지, 문자 메시지

写了封**短信**。
Xiě le fēng duǎnxìn.

짧은 편지 한 통을 썼다.

284
对话
[duìhuà 뚜이후아]
대화

两个人**对话**
liǎnggè rén duìhuà

두 사람의 대화

285
对面
[duìmiàn 뚜이미엔]
맞은편, 건너편

路**对面**有超市。
Lù duìmiàn yǒu chāoshì.

길 건너에 슈퍼가 있다.

286
肚子
[dùzi 뚜쯔]
(사람이나 동물의) 복부

半空着**肚子**。
Bànkōng zhe dùzi.

배가 덜 부르다.

287
儿童
[értóng 얼통]
아동, 어린이

好好保护**儿童**。
hǎohao bǎohù értóng.

어린이를 잘 보호하다.

288
法律
[fǎlǜ 파뤼]
법률

修订**法律**条款。
Xiūdìng fǎlǜ tiáokuǎn.

법률 조항을 수정하다.

289
房东
[fángdōng 팡똥]
집주인

房东讨房租来了。
Fángdōng tǎo fángzū lái le.

집주인이 집세를 달라고 왔다.

290
方法
[fāngfǎ 팡파]
방법, 수단, 방식

使用**方法**简便。
Shǐyòng fāngfǎ jiǎnbiàn.

사용 방법이 간편하다.

291
方面
[fāngmiàn 팡미엔]
방면, 분야

各**方面**都佼好。
Gèfāngmiàn dōu jiǎo hǎo.

여러 면에서 모두 뛰어나다.

292
方向
[fāngxiàng 팡시앙]
방향

指出正确**方向**。
Zhǐchū zhèngquè fāngxiàng.

정확한 방향을 가리키다.

293
翻译
[fānyì 판이]
번역자, 통역(원)

翻译成韩文。
Fānyì chéng hánwén.

한국어로 통역하다.

294
父亲
[fùqīn 푸친]
부친, 아버지

父亲进了屋。
Fùqīn jìn le wū.

아버님께서 방에 들어오셨다.

295
感觉
[gǎnjué 간쥐에]
감각, 느낌

感觉非常好。
Gǎnjué fēicháng hǎo.

느낌이 너무 좋아요.

296
感情
[gǎnqíng 간칭]
감정

两人**感情**破裂。
Liǎng rén gǎnqíng pòliè.

두 사람의 감정이 틀어지다.

297
高速公路
[gāosùgōnglù 까오쑤꽁루]
고속도로

高速公路休息站
gāosùgōnglù xiūxīzhàn

고속 도로 휴게소

298
胳膊
[gēbo 꺼보]
팔

在**胳膊**上注射。
Zài gēbo shàng zhùshè.

팔에 주사를 맞다.

299
功夫
[gōngfu 꽁푸]
재주, 솜씨, 쿵푸(무술)

他的画很见**功夫**。
Tā de huà hěn jiàn gōngfu.

그의 그림은 재능이 매우 좋다.

300
公里
[gōnglǐ 꽁리]
킬로미터(km)

一**公里**等于一千米。
Yīgōnglǐ děngyú yīqiānmǐ.

1킬로미터는 1,000미터이다.

301
工资
[gōngzī 꽁쯔]
월급, 임금

把工资支给他。
Bǎ gōngzī zhī gěi tā.

그에게 임금을 지불하다.

302
光
[guāng 꾸앙]
빛, 광선

光的反射现象
guāng de fǎnshè xiànxiàng

빛의 반사 현상

303
广告
[guǎnggào 구앙까오]
광고, 선전

在报纸上登广告。
Zài bàozhǐ shàngdēng guǎnggào.

신문에 광고를 내다.

304
关键
[guānjiàn 꾸안지엔]
관건, 열쇠, 키포인트

问题的关键即在于此。
Wèntí de guānjiàn jí zàiyú cǐ.

문제의 관건은 바로 여기에 있다.

305
观众
[guānzhòng 꾸안종]
관중, 구경꾼

观众高声欢呼。
Guānzhòng gāoshēng huānhū.

관중이 큰 소리로 환호한다.

306
顾客
[gùkè 꾸커]
고객, 손님

顾客就是上帝。
Gùkè jiù shì shàngdì.

고객이 바로 왕이다.

307
过程
[guòchéng 꾸어청]
과정

缩短制作过程。
Suōduǎn zhìzuò guòchéng.

제작 과정을 단축하다.

308
国籍
[guójí 구어지]
국적

取得中国国籍。
Qǔdé zhōngguó guójí.

중국 국적을 취득하다.

309
国际
[guójì 구어지]
국제

接国际长途电话。
Jiē guójì chángtúdiànhuà.

국제 전화를 받다.

310
果汁
[guǒzhī 구어즈]
과일즙

给我一杯果汁!
Gěi wǒ yībēi guǒzhī!

과즙 한 잔 주세요!

311
海洋
[hǎiyáng 하이양]
해양, 바다

海洋中有许多鱼。
Hǎiyáng zhōng yǒu xǔduō yú.

바다에는 많은 물고기가 있다.

312
汗
[hàn 한]
땀

出了一身的汗。
Chūle yìshēn de hàn.

온몸에 땀이 났다.

313
航班
[hángbān 항빤]
운항편, 항공편

航班改点了。
Hángbān gǎi diǎn le.

항공편 운항 시간이 변경되었다.

314
寒假
[hánjià 한지아]
겨울방학

快要放**寒假**了。
Kuàiyào fàng hánjià le.

곧 겨울방학이다.

315
好处
[hǎochù 하오추]
이로운 점, 장점

好处和坏处
hǎochù hé huàichù

좋은 점과 나쁜 점

316
号码
[hàomǎ 하오마]
번호, 숫자

电话**号码**是多少?
Diànhuà hàomǎ shì duōshǎo?

전화번호가 어떻게 되세요?

317
盒子
[hézi 허쯔]
작은 상자

那**盒子**要钱吗?
Nà hézi yào qián ma?

그 상자값도 내야 됩니까?

318
互联网
[hùliánwǎng 후리엔왕]
인터넷

上**互联网**
shàng hùliánwǎng

인터넷에 접속하다

319
护士
[hùshi 후스]
간호사

她是护士不是?
Tā shì hùshi bù shì?

그녀는 간호사입니까?

320
价格
[jiàgé 지아거]
가격, 값

说一个价格。
Shuō yígè jiàgé.

값을 한번 말해 보세요.

321
家具
[jiājù 지아쥐]
가구

沙发是西式家具。
Shāfā shì xīshì jiājù.

소파는 서양식 가구이다.

322
奖金
[jiǎngjīn 지앙진]
상금, 상여금, 보너스

你公司发奖金吗?
Nǐ gōngsī fā jiǎngjīn ma?

당신 회사는 보너스 줍니까?

323
将来
[jiānglái 지앙라이]
장래, 미래

将来有发展。
Jiānglái yǒu fāzhǎn.

장래가 유망하다.

324
郊区
[jiāoqū 쟈오취]
(도시의) 변두리

喜欢住在郊区。
Xǐhuān zhù zài jiāoqū.

교외 지역에 거주하기를 좋아하다.

325 教授
[jiàoshòu 쟈오서우]

교수

哪位是李教授?

Nǎwèi shì lǐ jiàoshòu?

어느 분이 이 교수님이십니까?

326 交通
[jiāotōng 쟈오통]

교통

交通很便利。

Jiāotōng hěn biànlì.

교통이 너무 편리합니다.

327 教育
[jiàoyù 쟈오위]

교육

她受过良好教育。

Tā shòu guò liánghǎo jiàoyù.

그녀는 좋은 교육을 받았다.

328 饺子
[jiǎozi 쟈오쯔]

만두, 교자

春节包饺子吃。

Chūnjié bāo jiǎozi chī.

설에는 만두를 빚어 먹는다.

329 加油站
[jiāyóuzhàn 지아여우잔]

주유소

加油站在哪儿?

Jiāyóuzhàn zài nǎr?

주유소는 어디 있습니끼?

330 基础
[jīchǔ 지추]

(건축물의) 토대, 기초

积累基础知识。

Jīlěi jīchǔ zhīshí.

기초 지식을 쌓다.

331
☐
☐ **节**
☐ [jié 지에]
기념일, 명절, 축제일

春节过得好吗?
Chūnjié guò de hǎo ma?

설은 잘 쇠셨습니까?

332
☐
☐ **结果**
☐ [jiéguǒ 지에구어]
결과, 결실

结果怎么样?
Jiéguǒ zěnmeyàng?

결과가 어떤가요?

333
☐
☐ **警察**
☐ [jǐngchá 징차]
경찰

警察来到现场。
Jǐngchá láidào xiànchǎng.

경찰이 현장에 도착하다.

334
☐
☐ **经济**
☐ [jīngjì 징지]
경제

经济负担重。
Jīngjì fùdān zhòng.

경제적 부담이 크다.

335
☐
☐ **京剧**
☐ [jīngjù 징쮜]
경극

奶奶很喜欢看京剧。
Nǎinai hěn xǐhuān kàn jīngjù.

할머니는 경극을 아주 좋아한다.

336
☐
☐ **景色**
☐ [jǐngsè 징써]
풍경, 경치

哇, 景色真美啊。
Wā, jǐngsè zhēn měi a.

어, 경치 참 좋다.

337 经验
[jīngyàn 징이엔]
경험, 체험

取得好的**经验**。
Qǔdé hǎo de jīngyàn.

좋은 경험을 쌓다.

338 镜子
[jìngzi 징쯔]
거울

镜子照出我的脸。
Jìngzi zhàochū wǒ de liǎn .

거울이 내 얼굴을 비추었다.

339 技术
[jìshù 지수]
기술

技术很高明。
Jìshù hěn gāomíng.

기술이 매우 뛰어나다.

340 记者
[jìzhě 지저]
기자

举行**记者**招待会。
Jǔxíng jìzhězhāodàihuì.

기자 회견을 하다.

341 聚会
[jùhuì 쥐후이]
모임, 집회

今天有一个**聚会**。
Jīntiān yǒu yīgè jùhuì.

오늘 모임이 하나 있다.

342 距离
[jùlí 쥐리]
거리, 간격

距离太远, 看不清。
Jùlí tài yuǎn, kàn bùqīng.

거리가 너무 멀어 잘 보이지 않는다.

343
☐
☐ **看法**
☐ [kànfǎ 칸파]
견해

这是你的个人**看法**。
Zhè shì nǐ de gèrén kànfǎ.

이것은 당신의 개인적인 견해예요.

344
☐
☐ **烤鸭**
☐ [kǎoyā 카오야]
오리구이

北京**烤鸭**很有名。
Běijīng kǎoyā hěn yǒu míng.

베이징은 오리구이가 유명합니다.

345
☐
☐ **客厅**
☐ [kètīng 커팅]
객실, 응접실

全家聚集在**客厅**。
Quánjiā jùjí zài kètīng.

온 식구가 거실에 모였다.

346
☐
☐ **空气**
☐ [kōngqì 콩치]
공기

吸进新鲜**空气**。
Xījìn xīnxiān kōngqì.

신선한 공기를 들이마시다.

347
☐
☐ **矿泉水**
☐ [kuàngquánshuǐ 쿠앙취엔수이]
광천수, 생수

纯净水和**矿泉水**
chúnjìngshuǐ hé kuàngquánshuǐ

정수와 생수

348
☐
☐ **困难**
☐ [kùnnan 쿤난]
빈곤, 곤란

吃住有些**困难**。
Chī zhù yǒuxiē kùnnan.

먹고 자는 데 좀 곤란하다.

349
垃圾桶
[lājītǒng 라지통]
쓰레기통

往垃圾桶里扔垃圾。
Wǎng lājītǒng lǐ rēng lājī.

휴지통에 쓰레기를 버리다.

350
老虎
[lǎohǔ 라오후]
범, 호랑이

你见过老虎吗?
Nǐ jiàn guò lǎohǔ ma?

당신은 호랑이를 본 적이 있습니까?

351
礼拜天
[lǐbàitiān 리빠이티엔]
일요일

礼拜天你做什么?
Lǐbàitiān nǐ zuò shénme?

일요일엔 뭐하니?

352
礼貌
[lǐmào 리마오]
예의, 예의범절

他没有礼貌。
Tā méiyǒu lǐmào.

그는 예의가 없다.

353
零钱
[língqián 링치엔]
푼돈, 잔돈

零钱就不用找了。
Língqián jiù bùyòng zhǎo le.

잔돈은 거슬러 줄 필요 없습니다.

354
力气
[lìqì 리치]
힘, 역량

身体灵, 力气大。
Shēntǐ líng, lìqì dà.

몸이 재빠르고, 힘이 세다.

명사

355
理想
[lǐxiǎng 리시앙]
이상

您的理想是什么?
Nín de lǐxiǎng shì shénme?
당신의 이상은 무엇입니까?

356
律师
[lǜshī 뤼스]
변호사

我想成为一名律师。
Wǒ xiǎng chéngwéi yīmíng lǜshī.
저는 변호사가 되고 싶습니다.

357
毛
[máo 마오]
털, 깃털

他对猫毛过敏。
Tā duì māomáo guòmǐn.
그는 고양이 털에 과민하다.

358
毛巾
[máojīn 마오진]
수건, 타월

用毛巾擦脸。
Yòng máojīn cā liǎn.
수건으로 얼굴을 닦다.

359
梦
[mèng 멍]
꿈

这是梦是真?
Zhè shì mèng shì zhēn?
이게 꿈이냐 생시냐?

360
密码
[mìmǎ 미마]
암호, 비밀번호

请输入密码。
Qǐng shūrù mìmǎ.
비밀번호를 입력하여 주십시오.

73

361
☐
☐
☐
民族
[mínzú 민쭈]

민족

寻**民族**之根。
Xún mínzú zhī gēn.

민족의 뿌리를 찾다.

362
☐
☐
☐
目的
[mùdì 무띠]

목적

尚未达到**目的**。
Shàngwèi dádào mùdì.

아직 목적을 달성하지 않았다 .

363
☐
☐
☐
母亲
[mǔqīn 무친]

엄마, 어머니

你**母亲**还好吗?
Nǐ mǔqīn háihǎo ma?

자네 어머님께서는 안녕하신가?

364
☐
☐
☐
内
[nèi 네이]

안, 안쪽, 속

今天**内**结束。
Jīntiān nèi jiéshù.

오늘 안으로 끝마치다.

365
☐
☐
☐
内容
[nèiróng 네이롱]

내용

这个刊物**内容**丰富。
Zhègè kānwù nèiróng fēngfù.

이 간행물은 내용이 풍부하다.

366
☐
☐
☐
能力
[nénglì 넝리]

능력, 역량

那是超**能力**么?
Nèi shì chāo nénglì me?

그게 초능력이냐?

367
□
□
□
年龄
[niánlíng 니엔링]

연령, 나이

二人**年龄**相仿。
Èr rén niánlíng xiāngfǎng.

두 사람은 연령이 서로 비슷하다.

368
□
□
□
皮肤
[pífū 피푸]

피부

冬天**皮肤**会痒。
Dōngtiān pífū huì yǎng.

겨울에는 피부가 가려워진다.

369
□
□
□
乒乓球
[pīngpāngqiú 핑팡치우]

탁구

他爱好打**乒乓球**。
Tā àihǎo dǎ pīngpāngqiú.

그는 탁구 치는 것을 좋아한다.

370
□
□
□
平时
[píngshí 핑스]

평소, 평상시, 보통 때

平时人也很多。
Píngshí rén yě hěnduō.

평소에도 사람이 많다.

371
□
□
□
脾气
[píqì 피치]

성격, 성질

他的**脾气**很特别。
Tā de píqì hěn tèbié.

그의 성미는 아주 별나다.

372
□
□
□
葡萄
[pútáo 푸타오]

포도

葡萄已经熟了。
Pútáo yǐjīng shú le.

포도가 벌써 익었다.

373
普通话
[pǔtōnghuà 푸통후아]
현대중국표준어

提倡说普通话。
Tíchàng shuō pǔtōnghuà.

표준어로 말할 것을 제창하다.

374
签证
[qiānzhèng 치엔정]
비자

申请入境签证。
Shēnqǐng rùjìng qiānzhèng.

입국 비자를 신청하다.

375
桥
[qiáo 챠오]
다리, 교량

火车行于桥上。
Huǒchē xíng yú qiáo shàng.

기차가 다리 위를 달린다.

376
巧克力
[qiǎokèlì 챠오커리]
초콜릿

你要吃块巧克力吗?
Nǐ yào chī kuài qiǎokèlì ma?

초콜릿을 좀 드시겠습니까?

377
气候
[qìhòu 치허우]
기후

近日气候变化很大。
Jìnrì qìhòu biànhuà hěn dà.

근래 기후 변화가 매우 심하다.

378
情况
[qíngkuàng 칭쿠앙]
상황, 형편

情况十分困难。
Qíngkuàng shífēn kùnnan.

상황이 매우 어렵다.

379
亲戚
[qīnqī 친치]
친척

你在韩国有亲戚吗?
Nǐ zài hánguó yǒu qīnqī ma?

한국에 친척이 있어요?

380
全部
[quánbù 치엔뿌]
전부, 전체, 모두

纸已全部用完了。
Zhǐ yǐ quánbù yòng wán le.

종이는 이미 전부 다 써버렸다.

381
区别
[qūbié 취비에]
구별, 차이

这个和那个有什么区别?
Zhège hé nàgè yǒu shénme qūbié?

이것은 저것과 어떤 차이가 있나요?

382
缺点
[quēdiǎn 취에디엔]
결점, 단점

每个人都有缺点。
Měigèrén dōu yǒu quēdiǎn.

누구에게나 결점은 있다.

383
任务
[rènwù 런우]
임무

任务已经完成。
Rènwù yǐjīng wánchéng.

임무를 이미 완수하였다.

384
日记
[rìjì 르지]
일기, 일지

我一直记日记。
Wǒ yīzhí jì rìjì.

나는 항상 일기를 쓴다.

385
森林
[sēnlín 썬린]
삼림, 숲

森林着火了。
Sēnlín zhehuǒ le.

숲에 불이 났다.

386
沙发
[shāfā 사파]
소파

坐在沙发上。
Zuò zài shāfā shàng.

소파에 앉다.

387
勺子
[sháozi 사오쯔]
국자, 주걱

拿个大勺子来盛汤。
Ná gè dà sháozi lái shèng tāng.

큰 국자를 들고 국을 뜨다.

388
社会
[shèhuì 서후이]
사회

为社会服务。
Wèi shèhuì fúwù.

사회에 봉사하다.

389
生活
[shēnghuó 성후어]
생활

平凡的生活
píngfán de shēnghuó

평범한 생활

390
生命
[shēngmìng 성밍]
생명, 목숨

水是生命的本源。
Shuǐ shì shēngmìng de běnyuán.

물은 생명의 근원이다.

391
生意
[shēngyi 성이]
장사, 영업, 사업

这阵儿**生意**好。
Zhèzhènr shēngyi hǎo.

요즈음 장사가 잘 된다.

392
师傅
[shīfù 스푸]
기사님, 선생님(기예·기능)

公交车**师傅**
gōngjiāo chē shīfù

버스 운전기사

393
世纪
[shìjì 스지]
세기

经过半个**世纪**。
Jīngguò bàngè shìjì.

반세기가 지나다.

394
实际
[shíjì 스지]
실제

理论和**实际**不同。
Lǐlùn hé shíjì bùtóng.

이론과 실제는 다르다.

395
首都
[shǒudū 서우뚜]
수도

中国的**首都**是北京。
Zhōngguó de shǒudōu shì Běijīng.

중국의 수도는 베이징이다.

396
售货员
[shòuhuòyuán 서우후어위엔]
판매원, 점원

我妹妹也是**售货员**。
Wǒ mèimèi yě shì shòuhuòyuán.

나의 누이동생도 판매원이다.

397

收入

[shōurù 서우루]

수입, 소득

收入是多少?

Shōurù shì duōshǎo?

수입이 얼마세요?

398

数量

[shùliàng 수리양]

수량, 양

数量不是很多。

Shùliàng bù shì hěnduō.

수량 많지 않습니다.

399

顺序

[shùnxù 순쉬]

순서, 차례

请按顺序排队。

Qǐng àn shùnxù páiduì.

순서대로 줄을 서세요.

400

硕士

[shuòshì 수어스]

석사

获得硕士学位。

Huòdé shuòshì xuéwèi.

석사 학위를 취득하다.

401

数字

[shùzì 수쯔]

숫자

我喜欢数字六。

Wǒ xǐhuān shùzì liù.

나는 숫자 6을 좋아한다.

402

速度

[sùdù 쑤뚜]

속도

放慢速度。

Fàngmàn sùdù.

속도를 늦추다.

403 塑料袋
[sùliàodài 쑤랴오따이]

비닐봉지

一次性塑料袋
yīcìxìng sùliàodài

일회용 비닐봉지

404 孙子
[sūnzi 쑨쯔]

손자

孙子已经上学了。
Sūnzi yǐjīng shàngxué le.

손자 놈이 벌써 학교에 들어갔네.

405 态度
[tàidù 타이두]

태도

态度很温和。
Tàidù hěn wēnhé.

태도가 아주 부드럽다.

406 汤
[tāng 탕]

국물

他用匙喝汤。
Tā yòng chí hē tāng.

그는 숟가락으로 국물을 마셨다.

407 糖
[táng 탕]

설탕의 총칭

你用多少块糖?
Nǐ yòng duōshǎo kuài táng?

설탕 몇 숟가락 넣을까요?

408 特点
[tèdiǎn 터디엔]

특징, 특색

他没有什么特点。
Tā méiyǒu shénme tèdiǎn.

그는 별 특징이 없다.

409
条件
[tiáojiàn 탸오지엔]
조건

具备什么条件?
Jùbèi shénme tiáojiàn?

어떤 조건을 갖추어야 하는가?

410
同时
[tóngshí 통스]
동시, 같은 때

同时处理几件事。
Tóngshí chǔlǐ jǐjiàn shì.

동시에 여러 가지 일을 한다.

411
通知
[tōngzhī 통즈]
통지, 통지서

通知已经收到。
Tōngzhī yǐjīng shōudào.

통지는 이미 받았다.

412
网球
[wǎngqiú 왕치우]
테니스, 정구

他是网球高手。
Tā shì wǎngqiú gāoshǒu.

그는 훌륭한 테니스 선수이다.

413
网站
[wǎngzhàn 왕잔]
웹사이트

没有网站吗?
Méiyǒu wǎngzhàn ma?

웹사이트는 없나요?

414
袜子
[wàzi 와쯔]
양말, 스타킹

给宝宝穿袜子。
Gěi bǎobao chuān wàzi.

아기에게 양말을 신기다.

415
味道
[wèidào 웨이따오]
맛

这个菜味道很好。
Zhège cài wèidào hěn hǎo.

이 요리는 매우 맛있다.

416
卫生间
[wèishēngjiān 웨이성지엔]
화장실, 세면장

卫生间在哪儿?
Wèishēngjiān zài nǎr?

화장실은 어디입니까?

417
温度
[wēndù 원뚜]
온도

用温度计量温度。
Yòng wēndùjì liàng wēndù.

온도계로 온도를 재다.

418
文章
[wénzhāng 원장]
문장, 글월

写长篇文章。
Xiě chángpiān wénzhāng.

장문의 글을 쓰다.

419
橡皮
[xiàngpí 시앙피]
지우개

带橡皮的铅笔
dài xiàngpí de qiānbǐ

지우개가 달린 연필

420
现金
[xiànjīn 시엔진]
현금

现金有现金折扣吗?
Xiànjīn yǒu xiànjīn zhékòu ma?

현금은 현금할인 있나요?

421
效果
[xiàoguǒ 샤오구어]
효과

那有什么效果?
Nà yǒu shénme xiàoguǒ?

그것이 무슨 효과가 있습니까?

422
笑话
[xiàohuà 샤오후아]
우스갯소리, 농담

他很会说笑话。
Tā hěn huì shuō xiàohuà.

그는 우스갯소리를 곧잘 한다.

423
小伙子
[xiǎohuǒzi 샤오후어쯔]
젊은이, 청년

小伙子长得很帅。
Xiǎohuǒzi zhǎng de hěn shuài.

젊은이가 참 잘생겼다.

424
小说
[xiǎoshuō 샤오수어]
소설

这本小说很好看。
Zhè běn xiǎoshuō hěn hǎo kàn.

이 소설은 매우 재미있다.

425
消息
[xiāoxī 샤오시]
소식, 편지

没有消息就是好消息。
Méi yǒu xiāoxī jiùshì hǎo xiāoxī.

무소식이 희소식이다.

426
西红柿
[xīhóngshì 시옹스]
토마토

西红柿营养丰富。
Xīhóngshì yíngyǎng fēngfù.

토마토는 영양이 풍부하다.

427
信封
[xìnfēng 신펑]
편지봉투, 봉투

有信封和邮票吗?
Yǒu xìnfēng hé yóupiào ma?

봉투하고 우표가 있어요?

428
性别
[xìngbié 싱비에]
성별

你和我性别不同。
Nǐ hé wǒ xìngbié bùtóng.

너와 나는 성별이 다르다.

429
性格
[xìnggé 싱거]
성격

性格内向的人
Xìnggé nèixiàng de rén

성격이 내성적인 사람

430
心情
[xīnqíng 신칭]
심정, 감정, 마음

我心情不好。
Wǒ xīnqíng bù hǎo.

저는 기분이 안 좋아요.

431
信息
[xìnxī 신시]
정보

他很久没有信息。
Tā hěn jiǔ méiyǒu xìnxī.

그는 오랫동안 소식이 없다.

432
信心
[xìnxīn 신신]
자신(감), 확신, 신념

多少有了信心。
Duōshǎo yǒule xìnxīn.

다소 믿음을 가지게 되다.

433

学期

[xuéqī 쉬에치]

학기

新**学期**开始了。

Xīn xuéqī kāishǐle.

새 학기가 시작되었다.

434

牙膏

[yágāo 야까오]

치약

牙刷**牙膏**也必须买吗?

Yáshuā yágāo yě bìxū mǎi ma?

칫솔이나 치약은 사야 되나요?

435

压力

[yālì 야리]

압력

他减低了**压力**。

Tā jiǎndī le yālì.

그는 압력을 낮추었다.

436

盐

[yán 이엔]

소금, 식염

请把**盐**递给我。

Qǐng bǎ yán dìgěi wǒ.

소금 좀 주세요.

437

阳光

[yángguāng 양꾸앙]

햇빛

阳光暖洋洋的。

Yángguāng nuǎnyángyáng de.

햇볕이 따사롭다.

438

样子

[yàngzi 양쯔]

모양, 모습

这件衣服**样子**很好看。

Zhè jiàn yīfú yàngzi hěn hǎo kàn.

이 옷은 모양이 매우 곱다.

439
眼镜
[yǎnjìng 이엔징]
안경

我弟弟戴眼镜。
Wǒ dìdì dài yǎnjìng.

제 남동생은 안경을 씁니다.

440
演员
[yǎnyuán 이엔위엔]
배우, 연기자

他不是一般演员。
Tā búshì yìbān yǎnyuán.

그는 보통 배우가 아니다.

441
钥匙
[yàoshi 야오스]
열쇠

有备用钥匙吗?
Yǒu bèiyòng yàoshi ma?

비상 열쇠가 있습니까?

442
亚洲
[Yàzhōu 야저우]
아시아

亚洲区预赛
Yàzhōu qū yùsài

아시아 지역 예선경기

443
页
[yè 예]
(책의) 쪽, 페이지

这本书缺两页。
Zhè běn shū quē liǎngyè.

이 책에는 두 페이지가 빠져 있다.

444
叶子
[yèzi 예쯔]
잎, 잎사귀

摘下一片叶子。
Zhāixià yípiàn yèzi.

잎을 하나 따다.

445
意见
[yìjiàn 이지엔]
견해, 의견

我有两点意见。
Wǒ yǒu liǎngdiǎn yìjiàn.

나는 두 가지 의견을 갖고 있다.

446
印象
[yìnxiàng 인시양]
인상

对那个人的印象如何?
Duì nàgè rén de yìnxiàng rúhé?

그 사람 인상 어떻던가?

447
艺术
[yìshù 이수]
예술

鉴赏艺术作品。
Jiànshǎng yìshùzuòpǐn.

예술 작품을 감상하다.

448
由
[yóu 여우]
유래, 까닭, 이유

事故的因由找到了。
Shìgù de yīnyóu zhǎodàole.

사고의 원인을 찾아냈다.

449
优点
[yōudiǎn 여우디엔]
장점

你最大的优点是什么?
Nǐ zuìdà de yōudiǎn shì shénme?

자신의 최대 장점은 뭐라고 생각하십니까?

450
邮局
[yóujú 여우쥐]
우체국

请问邮局在哪里?
Qǐngwèn yóujú zài nǎlǐ?

실례지만, 우체국은 어디에 있어요?

名사

451 友谊
[yǒuyì 여우이]
우의, 우정

我们永恒的**友谊**!
Wǒmen yǒnghéng de yǒuyì!

우리들의 영원한 우정!

452 原因
[yuányīn 위엔인]
원인

这是什么**原因**?
Zhè shì shénme yuányīn?

이것은 무슨 원인인가?

453 语法
[yǔfǎ 위파]
어법, 말법

有**语法**书吗?
Yǒu yǔfǎ shū ma?

문법책이 있어요?

454 羽毛球
[yǔmáoqiú 위마오치우]
배드민턴

我喜欢打**羽毛球**。
Wǒ xǐhuan dǎ yǔmáoqiú.

저는 배드민턴을 즐겨 칩니다.

455 云
[yún 윈]
구름

太阳被**云**遮住了。
Tàiyáng bèi yún zhēzhù le.

해가 구름에 가리다.

456 语言
[yǔyán 위이엔]
언어

语言和文字
yǔyán hé wénzì

언어와 문자

457

暂时

[zànshí 짠스]

잠깐, 잠시

我们**暂时**分离。

Wǒmen zànshí fēnlí.

우리는 잠시 헤어졌다.

458

杂志

[zázhì 짜즈]

잡지

要不要看**杂志**?

Yào bù yào kàn zázhì?

잡지 볼래요?

459

责任

[zérèn 쩌런]

책임

说话要负**责任**。

Shuōhuà yào fù zérèn.

말에는 책임이 따른다.

460

手指

[shǒuzhǐ 서우즈]

손가락

伸**手指**了指月亮。

Shēn shǒuzhǐ le zhǐ yuèliàng.

손가락으로 달을 가리켰다.

461

质量

[zhìliàng 즈리앙]

질, 품질

质量非常好。

Zhìliàng fēicháng hǎo.

질이 너무 좋아요.

462

知识

[zhīshi 즈스]

지식

有丰富的**知识**。

Yǒu fēngfù de zhīshi.

지식이 많다.

463
植物
[zhíwù 즈우]
식물

这是何种**植物**?
Zhè shì hézhǒng zhíwù?

이것은 어떤 종류의 식물인가요?

464
职业
[zhíyè 즈예]
직업

我的**职业**是教师。
Wǒ de zhíyè shì jiàoshī.

나의 직업은 교사이다.

465
重点
[zhòngdiǎn 종디엔]
중점

这是他所说的**重点**。
Zhè shì tā suǒ shuō de zhòngdiǎn.

이것은 그가 말한 중점이다.

466
周围
[zhōuwéi 저우웨이]
주위, 주변

看看**周围**吧。
Kànkàn zhōuwéi ba.

주위를 둘러보세요.

467
专业
[zhuānyè 주안예]
전공

学哪个**专业**?
Xué nǎgè zhuānyè?

무슨 과목을 전공합니까?

468
主意
[zhǔyi 주이]
생각, 아이디어

好啊, 那是好**主意**!
Hǎo a, nà shì hǎo zhǔyi!

좋습니다. 참 좋은 생각이에요!

469
자연

自然
[zìrán 쯔란]
자연

雄丽的自然景色
Xióng lì de zìrán jǐngsè

웅장하고 아름다운 자연 경치

470
작가

作家
[zuòjiā 쭈어지아]
작가

作家各有各的作风。
Zuòjiā gè yǒu gè de zuòfēng.

작가에게는 저마다의 작품이 있다.

471
좌석

座位
[zuòwèi 쭈어웨이]
좌석

座位坐满了。
Zuòwèi zuò mǎn le.

좌석이 꽉 찼다.

472
작용

作用
[zuòyòng 쭈어용]
작용

作用与反作用
Zuòyòng yǔ fǎn zuòyòng

작용과 반작용

473
좌우

左右
[zuǒyòu 쭈어여우]
좌우, 왼쪽과 오른쪽

请让左右退下。
Qǐng ràng zuǒyòu tuì xià.

좌우를 비켜 주십시오.

474
지은이

作者
[zuòzhě 쭈어저]
지은이, 저자

这本书的作者是谁?
Zhè běnshū de zuòzhě shì shuí?

이 책의 저자는 누구입니까?

475 报道
[bàodào 빠오따오]
(뉴스 등의) 보도

有关报道
yǒuguān bàodào
관련 있는 보도.

476 点心
[diǎnxīn 디엔신]
간식(거리)

他买了一些点心回家。
Tā mǎi le yīxiē diǎnxīn huí jiā.
그는 간식을 사서 집에 왔다.

477 个性
[gèxìng 꺼싱]
개성

他是一个很有个性的人。
Tā shì yīgè hěn yǒu gèxìng de rén.
그는 아주 개성이 있는 사람이다.

478 规则
[guīzé 꾸이쩌]
규칙, 법규

比赛规则
bǐsài guīzé
경기 규칙

479 和平
[hépíng 허핑]
평화

爱好和平的国家
àihǎo hépíng de guójiā
평화를 사랑하는 나라

480 话题
[huàtí 후아티]
화제, 이야기의 주제

换个话题说。
Huàn gè huàtí shuō.
화제를 바꾸어 말하다.

PART 02

동사

PART 02

481
☐
☐
☐
爱
[ài 아이]
사랑하다

真爱你。
Zhēn ài nǐ.

정말 사랑합니다.

482
☐
☐
☐
吃
[chī 츠]
먹다, 마시다

你吃不吃啊?
Nǐ chī bù chī a?

너는 먹겠니?

483
☐
☐
☐
打电话
[dǎdiànhuà 다띠엔후아]
전화를 걸다

为什么给我打电话?
Wèishénme gěi wǒ dǎdiànhuà?

나한테 왜 전화했어요?

484
☐
☐
☐
读
[dú 두]
글을 소리내어 읽다, 낭독하다

他读很多书。
Tā dú hěnduō shū.

그는 많은 책을 읽는다.

485
☐
☐
☐
对不起
[duìbuqǐ 뚜이부치]
미안합니다, 죄송합니다

真的很对不起。
Zhēn de hěn duìbuqǐ.

여러 가지로 죄송합니다.

486
☐
☐
☐
喝
[hē 허]
마시다

你喝哪个?
Nǐ hē něigè?

넌 뭐 마실래?

487
回
[huí 후이]
되돌리다, 되돌아가다(오다)

一去不回。
Yí qù bù huí.

한번 떠나더니 돌아오지 않다.

488
会
[huì 후이]
모이다

会过一次面。
Huì guò yícìmiàn.

한 번 만난 적이 있다.

489
叫
[jiào 쟈오]
외치다, 고함치다

使劲叫。 / 我叫洪吉童。
Shǐjìn jiào / Wǒ jiào hóng jí tóng.

힘껏 외치다. / 저는 홍길동이라고 합니다.

490
开
[kāi 카이]
열다, 틀다

窗户开着呢。
Chuānghu kāizhe ne.

창문이 열려 있다.

491
看
[kàn 칸]
보다, 구경하다

昨天我看了他。
Zuótiān wǒ kàn le tā.

어제 나는 그를 보았다.

492
看见
[kànjiàn 칸지엔]
보다, 보이다

我看见她了。
Wǒ kànjiàn tā le.

나는 그녀를 보았다.

493
□
□ **来**
□ [lái 라이]
오다

他不定**来**不来。
Tā búdìng lái bù lái.

그가 올지는 확실하지 않다.

494
□
□ **买**
□ [mǎi 마이]
사다, 매입하다

来年**买**车。
Láinián mǎi chē.

내년에 차를 산다.

495
□
□ **没有**
□ [méiyǒu 메이여우]
없다

屋里**没有**人。
Wūlǐ méiyǒu rén.

방안에 사람이 없다.

496
□
□ **请**
□ [qǐng 칭]
청하다, 부탁하다

呈**请**辞职。
Chéngqǐng cízhí.

사직을 신청하다.

497
□
□ **去**
□ [qù 취]
가다

可**去**可不去。
Kě qù kě bú qù.

가도 되고 안 가도 된다.

498
□
□ **热**
□ [rè 러]
가열하다, 데우다

热牛奶。
Rè niúnǎi.

우유를 데우다.

---

499 认识
[rènshī 런스]
알다, 인식하다

谁认识他?
Shéi rènshī tā?

누가 그를 아나요?

---

500 上
[shàng 상]
오르다, 타다

挤上车。
Jǐ shàngchē.

밀치며 차에 오르다.

---

501 少
[shǎo 사오]
모자라다, 결핍되다

数量不可少。
Shùliàng bùkě shǎo.

수량이 적어서는 안 된다.

---

502 是
[shì 스]
옳다고 여기다, 긍정하다

深是其言。
Shēn shì qí yán.

그 말이 매우 옳다고 여기다.

---

503 书
[shū 수]
기록하다, 쓰다

伏案作书。
Fúàn zuò shū.

책상에 엎드려 글씨를 쓰다.

---

504 睡觉
[shuìjiào 수이쟈오]
(잠을) 자다

昨晚我没睡觉。
Zuówǎn wǒ méi shuìjiào.

어젯밤에 나는 잠을 못 잤다.

505
说
[shuō 수어]
말하다, 이야기하다

那个。你说说看。
Nàgè. Nǐ shuōshuōkàn.

아니. 얘기를 해 봐.

506
听
[tīng 팅]
듣다

听音乐。
Tīng yīnyuè.

음악을 듣다.

507
下
[xià 시아]
(일을) 마치다, (비가) 내리다

下飞机。
Xià fēijī.

비행기에서 내리다.

508
想
[xiǎng 시앙]
생각하다

想再想一想。
Xiǎng zài xiǎng yī xiǎng.

조금 더 생각해보려고요.

509
小
[xiǎo 샤오]
경시하다, 얕(깔)보다

登泰山而小天下。
Dēng tàishān ér xiǎo tiānxià.

태산에 올라 보고 천하가 작음을 알다.

510
下雨
[xiàyǔ 시아위]
비가 오다

现在下雨吗?
Xiànzài xiàyǔ ma?

지금 비가 오니?

511
写
[xiě 시에]
글씨를 쓰다

写得一手好字。
Xiě dé yīshǒu hǎo zì.

글씨를 잘 쓰다.

512
谢谢
[xièxie 시에시에]
사례의 말을 하다, 감사드리다

谢谢你的祝福。
Xièxie nǐ de zhùfú.

축하해 주셔서 감사합니다.

513
喜欢
[xǐhuān 시후안]
좋아하다

我喜欢看电影儿。
Wǒ xǐhuān kàn diànyǐng ér.

나는 영화 보는 것을 좋아한다.

514
学习
[xuéxí 쉬에시]
학습하다, 공부하다

你学习汉语吗?
Nǐ xuéxí hànyǔ ma?

당신은 중국어를 배웁니까?

515
有
[yǒu 여우]
있다

有好也有坏。
Yǒu hǎo yě yǒu huài.

좋은 점도 있고 안 좋은 점도 있다.

516
在
[zài 짜이]
존재하다

人在心不在。
Rén zài xīn bú zài.

몸은 있으나 마음은 다른 곳에 가 있다.

PART 02

517
再见
[zàijiàn 짜이지엔]
또 뵙겠습니다

咱们再见吧。
Zánmen zàijiàn bā.

우리 다시 만납시다.

518
住
[zhù 주]
숙박하다, 살다

我住在上海。
Wǒ zhù zài shànghǎi.

나는 상하이에서 산다.

519
坐
[zuò 쭈어]
앉다, (차를) 타다

坐后排。/ 坐地铁。
Zuò hòupái. / Zuò dìtiě.

뒷자리에 앉다. / 지하철을 타다.

520
做
[zuò 쭈어]
하다, 종사하다

做好本职工作。
Zuòhǎo běnzhígōngzuò.

맡은 바 일을 잘하다.

521
帮助
[bāngzhù 빵주]
돕다, 원조하다

会尽力帮助你。
Huì jìnlì bāngzhù nǐ.

손이 닿는 대로 돕겠습니다.

522
比
[bǐ 비]
비교하다, 재다

应该比比长短。
Yīnggāi bǐbǐ chángduǎn.

길고 짧은 것은 대보아야 한다.

523
别
[bié 비에]
이별하다, 헤어지다

洒泪而**别**。
Sǎlèi ér bié.

눈물을 흘리며 이별하다.

524
唱歌
[chànggē 창꺼]
노래 부르다

现在能**唱歌**吗?
Xiànzài néng chànggē ma?

지금 노래할 수 있어요?

525
出
[chū 추]
나가다, 나오다

从屋里**出**来。
Cóng wūlǐ chūlái.

방 안에서 나오다.

526
穿
[chuān 추안]
(옷·신발 등을) 입다, 신다

穿衣裳。/ **穿**皮鞋。
Chuān yīshang. / Chuān píxié.

옷을 입다. / 구두를 신다.

527
从
[cóng 총]
따르다, 좇다

愿**从**其后。
Yuàn cóng qí hòu.

그의 뒤를 따르려 한다.

528
错
[cuò 추어]
틀리다, 맞지 않다

敢是走**错**了吧?
Gǎn shì zǒu cuò le ba?

혹시 길을 잘못 든 게 아닐까요?

529
打篮球
[dǎlánqiú 다란치우]
농구를 하다

学生们去打篮球。
Xuésheng men qù dǎlánqiú.

학생들이 농구하러 간다.

530
到
[dào 따오]
도달하다, 도착하다

火车到站了。
Huǒchē dào zhàn le.

기차가 역에 도착했다.

531
懂
[dǒng 둥]
알다, 이해하다

你懂什么?
Nǐ dǒng shénme?

네가 뭘 아냐?

532
告诉
[gàosu 까오쑤]
말하다, 알리다

谁告诉你的?
Shuí gàosu nǐ de?

누가 알려 주던가요?

533
给
[gěi 게이]
주다

给几个赏钱。
Gěi jǐgè shǎngqián.

돈 몇 푼을 상으로 주다.

534
介绍
[jièshào 지에사오]
소개하다

给您介绍一下。
Jǐ nín jièshào yīxià.

소개해 드릴게요.

535
进
[jìn 진]
(밖에서 안으로) 들다

进屋里去。
Jìn wūlǐ qù.

방으로 들어가다.

536
觉得
[juéde 쥐에더]
~라고 여기다(생각하다)

觉得很光荣。
Juéde hěn guāngróng.

대단히 영광스럽게 생각하다.

537
开始
[kāishǐ 카이스]
시작되다, 개시하다

新的一年开始了。
Xīn de yīnián kāishǐ le.

새로운 한 해가 시작되었다.

538
考试
[kǎoshì 카오스]
시험을 치다

每个月都考试。
Měigè yuè dōu kǎoshì.

매달 시험을 치르다.

539
可以
[kěyǐ 커이]
~할 수 있다, 가능하다

有三天就可以做完了。
Yǒu sāntiān jiù kěyǐ zuò wán le.

3일이면 다 할 수 있다.

540
旅游
[lǚyóu 뤼여우]
여행하다, 관광하다

到外国旅游。
Dào wàiguó lǚyóu.

외국에 가서 관광하다.

541
卖
[mài 마이]
팔다, 판매하다

卖多少钱?
Mài duōshǎo qián?

얼마에 팝니까?

542
跑步
[pǎobù 파오뿌]
달리다, 구보하다

绕着操场跑步。
Ràozhe cāochǎng pǎobù.

운동장 주위로 달리다.

543
起床
[qǐchuáng 치추앙]
(잠자리에서) 일어나다

你几点起床?
Nǐ jǐdiǎn qǐchuáng?

당신은 몇 시에 일어납니까?

544
让
[ràng 랑]
사양하다, 양보하다

各不相让。
Gè bù xiāngràng.

서로 양보하지 않다.

545
上班
[shàngbān 상빤]
출근하다

吃完饭上班。
Chīwánfàn shàngbān.

밥을 먹고서 출근하다.

546
生病
[shēngbìng 성삥]
병이 나다, 병에 걸리다

我觉得生病了。
Wǒ juédé shēngbìng le.

병이 난 것 같다.

547 说话
[shuōhuà 수어후아]

말하다, 이야기하다

别说话了!
Bié shuōhuà le!

이야기하지 마세요!

548 送
[sòng 쏭]

배웅하다, 데려다 주다

别送, 别送!
Bié sòng, bié sòng!

나오지 마십시오!

549 跳舞
[tiàowǔ 탸오우]

춤을 추다

都一起跳舞吧。
Dōu yìqǐ tiàowǔ bā.

다 함께 춤을 춥시다.

550 踢足球
[tīzúqiú 티쭈치우]

축구를 하다

去踢足球吗?
Qù tīzúqiú ma?

축구하러 갈까?

551 玩
[wán 완]

(손에 가지고) 놀다, 장난하다

现在玩也玩腻了。
Xiànzài wán yě wánnìle.

이제 노는 것도 질렸다.

552 往
[wǎng 왕]

(~로) 향하다

水往低处流。
Shuǐ wǎng dī chù liú.

물은 낮은 곳으로 흐른다.

553

问

[wèn 원]

묻다, 질문하다

到问事处问问。

Dào wènshìchù wènwèn.

안내소에 가서 물어보다.

554

洗

[xǐ 시]

씻다, 빨다

你需要洗一洗。

Nǐ xūyào xǐ yī xǐ.

너는 좀 씻어야겠다.

555

笑

[xiào 샤오]

웃다, 웃음을 짓다

他对我笑了笑。

Tā duì wǒ xiàolexiào.

그는 나를 향해 웃었다.

556

休息

[xiūxi 시우시]

휴식하다, 쉬다

各自回家休息。

Gèzì huíjiā xiūxi.

각자 집에 돌아가 휴식하다.

557

要

[yào 야오]

얻기를 희망하다, 가지다

要求提高了。

Yāoqiú tígāo le.

요구사항이 높아졌다.

558

游泳

[yóuyǒng 여우용]

수영하다, 헤엄치다

在海边游泳。

Zài hǎibiān yóuyǒng.

해변에서 수영하다.

---

559 找
○
○ [zhǎo 자오]
○
찾다, 구하다

丢失的钥匙找到了。
Diūshī de yàoshi zhǎodàole.

잃어버렸던 열쇠를 찾았다.

560 知道
○
○ [zhīdào 즈따오]
○
알다, 이해하다

这事儿他早知道了。
Zhè shìr tā zǎo zhīdàole.

이 일을 그는 벌써 알고 있다.

561 准备
○
○ [zhǔnbèi 준뻬이]
○
준비하다

准备考试。
Zhǔnbèi kǎoshì.

시험을 준비하다.

562 走
○
○ [zǒu 쩌우]
○
걷다

走着去走着回。
Zǒu zhe qù zǒu zhe huí.

걸어서 가고, 걸어서 온다

563 爱好
○
○ [àihào 아이하오]
○
애호하다, ~하기를 즐기다

他爱好踢足球。
Tā àihào tīzúqiú.

그는 축구를 즐긴다.

564 搬
○
○ [bān 빤]
○
(크거나 무거운 것을) 옮기다

把桌子搬开。
Bǎ zhuōzi bān kāi.

책상을 옮겨 놓다.

565
帮忙
[bāngmáng 빵망]
일을 돕다, 도움을 주다

快来帮忙!
Kuài lái bāngmáng!

어서 와서 도와줘!

566
包
[bāo 빠오]
(얇은 것으로) 싸다, 싸매다

用包袱把衣裳包起来。
Yòng bāofu bǎ yīshang bāo qǐlái.

보자기로 옷을 싸다.

567
被
[bèi 뻬이]
덮다

被体。
Bèi tǐ.

몸을 덮다.

568
变化
[biànhuà 삐엔후아]
변화하다, 달라지다

情况发生了变化。
Qíngkuàng fāshēng le biànhuà.

상황이 바뀌었다.

569
比较
[bǐjiào 비쟈오]
비교하다

比较一下尺寸。
Bǐjiào yīxià chǐcùn.

사이즈를 비교해 주세요.

570
参加
[cānjiā 찬지아]
참가하다, 가입하다

参加邀请赛。
Cānjiā yāoqǐngsài.

초청 경기에 참가하다.

571
□ **迟到**
□ [chídào 츠따오]
□ 지각하다

迟到了10分钟。
Chídàole shí fēnzhōng.

10분 지각하다.

572
□ **担心**
□ [dānxīn 딴신]
□ 염려하다, 걱정하다

他一点也不担心。
Tā yīdiǎn yě bù dānxīn.

그는 조금도 걱정하지 않는다.

573
□ **打扫**
□ [dǎsǎo 다싸오]
□ 청소하다

把屋子打扫干净。
Bǎ wūzi dǎsǎo gānjìng.

방을 깨끗하게 청소하다.

574
□ **打算**
□ [dǎsuàn 다쑤안]
□ ~할 생각이다, ~하려고 하다

你打算几时走?
Nǐ dǎsuàn jǐshí zǒu ?

너는 언제 가려느냐?

575
□ **锻炼**
□ [duànliàn 뚜안리엔]
□ 단조하다, 제련하다

天天锻炼身体。
Tiāntiān duànliàn shēntǐ.

날마다 신체를 단련하다.

576
□ **饿**
□ [è 어]
□ 굶주리다

饿着肚子减肥。
È zhe dǔzi jiǎnféi.

굶으면서 다이어트 한다.

577
发
[fā 파]
보내다, 건네주다

发传真。
Fā chuánzhēn.

팩스를 보내다.

578
放
[fàng 팡]
(자유롭게) 놓아주다, 풀어주다

把俘虏放回去。
Bǎ fúlǔ fàng huíqù.

포로를 풀어주어 돌려보내다.

579
放心
[fàngxīn 팡신]
마음을 놓다, 안심하다

你放心, 我们一定照办。
Nǐ fàngxīn, wǒmen yídìng zhàobàn.

우리가 꼭 그대로 할 테니까 안심하세요.

580
发烧
[fāshāo 파사오]
열이 나다

我好像发烧了。
Wǒ hǎoxiàng fāshāo le.

나는 열이 나는 것 같다.

581
发现
[fāxiàn 파시엔]
발견하다, 알아차리다

发现历史遗迹。
Fāxiàn lìshǐ yíjī.

역사 유적을 발견하다.

582
分
[fēn 펀]
나누다, 가르다

把钱分成两份。
Bǎ qián fēnchéng liǎngfèn.

돈을 두 몫으로 나누다.

583
复习
[fùxí 푸시]
복습하다

复习学过的地方。
Fùxí xué guò de dìfāng.

배운 곳을 복습하다.

584
刮风
[guāfēng 꾸아펑]
바람이 불다

刮风下雨。
Guāfēng xiàyǔ.

비바람이 불다.

585
关
[guān 꾸안]
닫다, 덮다

把窗户关上。
Bǎ chuānghù guān shàng.

창문을 닫다.

586
关心
[guānxīn 꾸안신]
관심을 갖다

谢谢你的关心。
Xièxie nǐ de guānxīn.

관심을 가져줘서 고맙습니다.

587
过
[guò 꾸어]
가다, 건너다

过了这条街就到了。
Guòle zhè tiáo jiē jiù dàole.

이 거리를 지나면 된다.

588
过去
[guòqù 꾸어취]
지나가다

一辆公车刚刚过去。
Yīliàng gōngchē gānggāng guòqù.

버스 한 대가 막 지나갔다.

---

589 **害怕**
[hàipà 하이파]
겁내다, 두려워하다

小孩子害怕黑暗。
Xiǎoháizi hàipà hēiàn.

어린이는 어둠을 무서워한다.

---

590 **画**
[huà 후아]
(그림을) 그리다

主要画那些画?
Zhǔyào huà nèixiē huà?

주로 어떤 그림 그리세요?

---

591 **还**
[huán 후안]
돌아가다, 돌아오다

还家。
huán jiā.

집에 돌아가다.

---

592 **换**
[huàn 후안]
교환하다

换成新商品。
Huàn chéng xīn shāngpǐn.

새 제품으로 교환하다.

---

593 **欢迎**
[huānyíng 후안잉]
환영하다

欢迎各方来宾。
Huānyíng gèfāng láibīn.

각지에서 온 내빈을 환영하다.

---

594 **回答**
[huídá 후이다]
대답하다, 회답하다

回答记者的提问。
Huídá jìzhě de tíwèn.

기자의 질문에 대답하다.

595
检查
[jiǎnchá 지엔차]
검사하다, 점검하다

定期**检查**身体。
Dìngqī jiǎnchá shēntǐ.

정기적으로 건강 검진을 하다.

596
讲
[jiǎng 지앙]
말하다, 이야기하다

讲完了吗?
Jiǎng wán le ma?

다 말했습니까?

597
见面
[jiànmiàn 지엔미엔]
만나다, 대면하다

他俩经常**见面**。
Tāliǎ jīngcháng jiànmiàn.

그들은 자주 만난다.

598
教
[jiāo 쟈오]
가르치다

教小孩儿识字。
Jiào xiǎoháir shízì.

아이에게 글을 가르치다.

599
记得
[jìdé 지더]
기억하고 있다, 잊지 않고 있다

你**记得**我吗?
Nǐ jìdé wǒ ma?

당신은 나를 기억합니까?

600
接
[jiē 지에]
잇다, 이어지다

接电线。
Jiē diànxiàn.

전선을 잇다.

601
借
[jiè 지에]
빌리다

从朋友那里借书。
Cóng péngyou nàlǐ jièshū.

친구한테서 책을 빌리다.

602
结婚
[jiéhūn 지에훈]
결혼하다

他俩春节结婚。
Tāliǎ chūnjié jiéhūn.

그들 둘은 설에 결혼한다.

603
解决
[jiějué 지에쥐에]
해결하다, 풀다

一切都解决了。
Yíqiè dōu jiějué le.

모든 것이 해결되었다.

604
结束
[jiéshù 지에수]
끝나다, 마치다

演讲结束了, 他才来。
Yǎnjiǎng jiéshù le, tā cái lái.

강연이 끝나자 그가 왔다.

605
经过
[jīngguò 징꾸어]
경유하다, 지나다

从学校前面经过。
Cóng xuéxiào qiánmiàn jīngguò.

학교 앞을 지나가다.

606
决定
[juédìng 쥐에띵]
결정하다

我决定不去。
Wǒ juédìng bù qù.

나는 안 가기로 결정했다.

607
☐
☐ 刻
☐ [kè 커]
새기다, 조각하다

刻记在心底里。
Kè jì zài xīndǐ lǐ.

마음속에 깊이 새기다.

608
☐
☐ 渴
☐ [kě 커]
목마르게 하다

刚运动完，口很渴。
Gāng yùndòng wán, kǒu hěn kě.

운동을 했더니 목이 마르다.

609
☐
☐ 空调
☐ [kōngtiáo 콩탸오]
(에어컨으로) 공기를 조절하다

定时空调。
Dìngshí kōngtiáo.

시간을 정하여 공기를 조절하다.

610
☐
☐ 哭
☐ [kū 쿠]
(소리내어) 울다

大哭一场。
Dà kū yīchǎng.

한바탕 크게 울다.

611
☐
☐ 练习
☐ [liànxí 리엔시]
연습하다, 익히다

我常练习发音。
Wǒ cháng liànxí fāyīn.

늘 발음 연습을 합니다.

612
☐
☐ 了解
☐ [liǎojiě 랴오지에]
자세하게 알다, 이해하다

你的心意我非常了解。
Nǐ de xīnyì wǒ fēicháng liǎojiě.

너의 마음을 나는 잘 알아.

613
☐
☐ 离开
☐ [líkāi 리카이]
떠나다, 헤어지다

他已经**离开**北京了。
Tā yǐjīng líkāi běijīng le.

그는 이미 베이징을 떠났다.

614
☐
☐ 留学
☐ [liúxué 리우쉬에]
유학하다

她出国**留学**去了。
Tā chūguó liúxué qù le.

그녀는 외국 유학을 갔다.

615
☐
☐ 明白
☐ [míngbai 밍바이]
알다, 이해하다

我**明白**你的用意。
Wǒ míngbai nǐ de yòngyì.

난 너의 뜻을 알 만하다.

616
☐
☐ 拿
☐ [ná 나]
(손으로) 쥐다, 잡다

给我**拿**瓶水来。
Gěi wǒ ná píng shuǐ lái.

(내게) 물 한 병 가져와라.

617
☐
☐ 努力
☐ [nǔlì 누리]
노력하다, 힘쓰다

加倍**努力**吧。
Jiā bèi nǔlì bā.

배로 노력하자.

618
☐
☐ 爬山
☐ [páshān 파산]
산을 오르다, 등산하다

周末我们去**爬山**吧。
Zhōumò wǒmen qù páshān ba.

주말에 우리 등산 가자.

---

619 **骑**

[qí 치]

(동물이나 자전거 등에) 타다

骑马。/ 骑车。

Qímǎ. / Qíchē.

말을 타다. / 자전거를 타다.

---

620 **起飞**

[qǐfēi 치페이]

(비행기 등이) 이륙하다

飞机准时起飞。

Fēijī zhǔnshí qǐfēi.

비행기가 정시에 이륙하다.

---

621 **起来**

[qǐlai 치라이]

(잠자리에서) 일어나다

明儿可以晚点儿起来。

Míngr kěyǐ wǎn diǎnr qǐlái.

내일은 늦게 일어나도 되겠군.

---

622 **请假**

[qǐngjià 칭지아]

(휴가·조퇴 등을) 신청하다

因病请假一天。

Yīn bìng qǐngjià yītiān.

병 때문에 하루의 휴가를 신청하다.

---

623 **认为**

[rènwéi 런웨이]

여기다, 생각하다

我也这么认为。

Wǒ yě zhème rènwéi.

저 역시 그렇게 생각해요.

---

624 **上网**

[shàngwǎng 상왕]

인터넷을 하다

每天晚上我都上网。

Měitiān wǎnshang wǒ dōu shàngwǎng.

매일 밤에 저는 인터넷을 합니다.

625
生气
[shēngqì 셩치]
화내다, 성나다

你别惹他, 他**生气**了。
Nǐ bié rě tā, tā shēngqì le.

걔 화났으니 건드리지 마.

626
试
[shì 스]
시험하다, 시행하다

让我来**试**一试。
Ràng wǒ lái shì yī shì.

내가 해볼게요.

627
刷牙
[shuāyá 수아야]
이를 닦다, 양치질하다

头睡觉要**刷牙**。
Tóu shuìjiào yào shuāyá.

잠자기 전에 이를 닦아야 한다.

628
提高
[tígāo 티까오]
향상시키다, 끌어올리다

提高劳动效率。
Tígāo láodòng xiàolǜ.

작업 능률을 높이다.

629
同事
[tóngshì 통스]
함께 일하다

我们**同事**十年了。
Wǒmen tóngshì shínián le.

우리는 함께 일한 지 10년이 되었다.

630
同意
[tóngyì 통이]
동의하다, 찬성하다

我的意见你**同意**吗?
Wǒ de yìjiàn nǐ tóngyì ma?

제 의견에 동의합니까?

631
完成
[wánchéng 완청]
완성하다

已经**完成**了。
Yǐjīng wánchéng le.

완성되었습니다.

632
忘记
[wàngjì 왕지]
(지난 일을) 잊어버리다

你**忘记**我了吗?
Nǐ wàngjì wǒ le ma?

당신은 나를 잊었나요?

633
为
[wèi 웨이]
돕다, 보위하다, 보좌하다

夫子**为**卫君乎?
Fūzi wéi wèijūnhū?

선생님께서는 위나라의 임금을 도우시겠습니까?

634
先
[xiān 시엔]
앞서 가다

争**先**恐后。
Zhēng xiān kǒng hòu.

뒤질세라 앞을 다투다.

635
像
[xiàng 시앙]
같다, 비슷하다

两个人的发型很**像**。
Liǎnggè rén de fàxíng hěn xiàng.

두 사람의 헤어스타일은 매우 비슷하다.

636
相信
[xiāngxìn 시앙신]
믿다, 신뢰하다

我**相信**有神。
Wǒ xiāngxìn yǒushén.

나는 신이 있다고 믿는다.

637

□
□
□

小心
[xiǎoxīn 샤오신]

조심하다, 주의하다

请小心感冒。

Qǐng xiǎoxīn gǎnmào.

감기 조심하세요.

638

□
□
□

洗澡
[xǐzǎo 시자오]

목욕하다, 몸을 씻다

运动之后洗澡。

Yùndòng zhīhòu xǐzǎo.

운동한 후에 몸을 씻습니다.

639

□
□
□

选择
[xuǎnzé 쉬엔쩌]

고르다, 선택하다

选择旅游地点。

Xuǎnzé lǚyóu dìdiǎn.

여행지를 고르다.

640

□
□
□

需要
[xūyào 쉬야오]

필요하다, 요구되다

您需要什么?

Nín xūyào shénme?

뭐 필요하세요?

641

□
□
□

要求
[yāoqiú 야오치우]

요구하다, 요망하다

要求赔偿损失。

Yāoqiú péicháng sǔnshī.

손해 배상을 요구하다.

642

□
□
□

应该
[yīnggāi 잉까이]

~해야 한다

应该爱护公共财产。

Yīnggāi àihù gōnggòng cáichǎn.

공공 재산을 소중히 해야 한다.

643
影响
[yǐngxiǎng 잉시양]
영향을 주다

影响工程的进度。
Yǐngxiǎng gōngchéng de jìndù.

공사의 진도에 영향을 끼치다.

644
用
[yòng 용]
쓰다, 사용하다

大家都用上计算机了。
Dàjiā dōu yòng shàng jìsuànjī le.

모두들 컴퓨터를 사용할 수 있게 되었다.

645
游戏
[yóuxì 여우시]
놀다, 장난치다

孩子们正在树底下游戏。
Háizimen zhèng zài shù dǐxià yóuxì.

아이들이 나무 밑에서 놀고 있다.

646
愿意
[yuànyì 위엔이]
동의하다, 달가워하다

他对于这件事很愿意了。
Tā duìyú zhè jiàn shì hěn yuànyì le.

그가 이 일에 전적으로 동의했다.

647
遇到
[yùdào 위따오]
만나다, 마주치다

遇到老朋友。
Yùdào lǎopéngyǒu.

오랜 친구를 만나다.

648
越
[yuè 위에]
넘다, 뛰어넘다

越过高山。
Yuèguò gāoshān.

높은 산을 넘다.

649
□
□ 站
□ [zhàn 잔]
서다, 바로 서다

有人坐着, 有人站着。
Yǒu rén zuòzhe, yǒu rén zhànzhe.

어떤 사람은 앉아 있고, 어떤 사람은 서 있다.

650
□ 张
□ [zhāng 장]
□ 열다, 펼치다

张开双臂。
Zhāngkāi shuāngbì.

두 팔을 펴다.

651
□ 长
□ [cháng 창]
□ 뛰어나다. (특별히) 잘하다

她长于歌舞。
Tā cháng yú gēwǔ.

그녀는 가무에 뛰어나다.

652
□ 照顾
□ [zhàogù 자오꾸]
□ 보살피다, 돌보다

照顾病人。
Zhàogù bìngrén.

환자를 돌보다.

653
□ 着急
□ [zháojí 자오지]
□ 조급해하다, 안달하다

别着急, 问题会解决的。
Bié zháojí, wèntí huì jiějué de.

조급해하지 마, 문제는 해결될 거야.

654
□ 只有
□ [zhǐyǒu 즈여우]
□ ~만 있다, ~밖에 없다

他们家只有两个人。
Tāmen jiā zhǐyǒu liǎnggè rén.

그의 집에는 두 사람밖에 없다.

655
☐
☐ **注意**
☐ [zhùyì 주이]
주의하다, 조심하다

注意交通安全。
Zhùyì jiāotōng ānquán.

교통안전에 주의하시오.

656
☐
☐ **安排**
☐ [ānpái 안파이]
(인원·시간 등을) 안배하다

安排作息时间。
Ānpái zuòxīshíjiān.

작업과 휴식시간을 안배하다.

657
☐
☐ **按照**
☐ [ànzhào 안자오]
~에 따르다, ~의거하다

按照要求做。
Ànzhào yāoqiú zuò.

주문에 따르다.

658
☐
☐ **抱**
☐ [bào 빠오]
안다, 껴안다

母亲**抱**着孩子。
Mǔqīn bào zhe háizi.

어머니가 아이를 안고 있다.

659
☐
☐ **保护**
☐ [bǎohù 바오후]
보호하다

好好**保护**儿童。
Hǎohao bǎohù értóng.

어린이를 잘 보호하다.

660
☐
☐ **报名**
☐ [bàomíng 빠오밍]
신청하다, 등록하다

点击此处**报名**。
Diǎn jī cǐchù bàomíng.

이곳을 클릭해서 신청하세요.

661
抱歉
[bàoqiàn 빠오치엔]
미안해하다

抱歉, 让您久等了。
Bàoqiàn, ràng nín jiǔděng le.

오래 기다리게 해서 죄송합니다.

662
保证
[bǎozhèng 바오정]
보증하다, 담보하다

保证实现既定目标。
Bǎozhèng shíxiàn jìdìng mùbiāo.

이미 정한 목표 실현을 보증하다.

663
表示
[biǎoshì 뱌오스]
나타내다(표시하다)

表示衷心的感谢。
Biǎoshì zhōngxīn de gǎnxiè.

진심으로 감사를 표시합니다.

664
表演
[biǎoyǎn 뱌오이엔]
공연하다, 연기하다

他又在**表演**了, 别相信他。
Tā yòu zài biǎoyǎn le, bié xiāngxìn tā.

그는 또 연기하고 있어, 그를 믿지 마라.

665
表扬
[biǎoyáng 뱌오양]
칭찬하다, 표창하다

表扬好人好事。
Biǎoyáng hǎorén hǎoshì.

모범적인 사람과 일을 표창하다.

666
毕业
[bìyè 삐예]
졸업하다

他是北京大学**毕业**的。
Tā shì běijīng dàxué bìyè de.

그는 베이징대학교 졸업생이다.

667
擦
[cā 차]
(천 등으로) 닦다

擦干净点!
Cā gānjìng diǎn!

깨끗이 닦아!

668
猜
[cāi 차이]
추측하다, 알아맞히다

来, 猜一下谜底。
Lái, cāi yíxià mídǐ.

자, 수수께끼 답을 알아맞혀 봐라.

669
参观
[cānguān 찬꾸안]
참관하다, 견학하다

再参观一下吧。
Zài cānguān yíxià bā.

좀 더 구경합시다.

670
尝
[cháng 창]
맛보다, 시식하다

您尝这个菜。
Nín cháng zhègè cài.

이 음식을 맛 좀 보세요.

671
超过
[chāoguò 차오꾸어]
초과하다, 넘다

平均成绩超过90分。
Píngjūn chéngjì chāoguò fēn.

평균 성적인 90점을 넘다.

672
成功
[chénggōng 청꽁]
성공하다, 이루다

终于成功了。
Zhōngyú chénggōng le.

드디어 성공했다.

673
成为
[chéngwéi 청웨이]
~이(가) 되다, ~(으)로 되다

成为大家的话柄。
Chéngwéi dàjiā de huàbǐng.

모든 사람들의 이야깃거리가 되다.

674
乘坐
[chéngzuò 청쭈어]
(자동차 등을) 타다

在哪里**乘坐**机场巴士?
Zài nǎlǐ chéngzuò jīchǎng bāshì?

어디서 공항버스를 탈 수 있어요?

675
吃惊
[chījīng 츠징]
놀라다

听到这个消息, 他很**吃惊**。
Tīngdào zhège xiāoxi, tā hěn chījīng.

이 소식을 듣고 그는 무척 놀랐다.

676
抽烟
[chōuyān 처우이엔]
흡연하다

可以**抽烟**吗?
Kěyǐ chōuyān ma?

담배 피워도 됩니까?

677
出差
[chūchāi 추차이]
(외지로) 출장 가다

他**出差**去上海了。
Tā chūchāi qù Shànghǎi le.

그는 상하이로 출장을 갔다.

678
出发
[chūfā 추파]
출발하다, 떠나다

他们将**出发**去罗马。
Tāmen jiāng chūfā qù luómǎ.

그들은 곧 로마로 떠날 것이다.

679
출生
[chūshēng 추성]
출생하다, 태어나다

他是哪年出生的?
Tā shì nǎ nián chūshēng de?

그는 어느 해에 태어났어요?

680
出现
[chūxiàn 추시엔]
출현하다, 나타나다

出现竞争对手。
Chūxiàn jìngzhēng duìshǒu.

경쟁자가 나타나다.

681
存
[cún 춘]
생존하다, 존재하다

名存实亡。
Míng cún shí wáng.

이름만 존재할 뿐 실제는 없다.

682
打扮
[dǎban 다반]
화장하다, 꾸미다

打扮得漂漂亮亮的。
Dǎban de piàopiàoliàngliàng de.

매우 예쁘게 단장하다.

683
戴
[dài 따이]
착용하다, 쓰다, 차다

戴口罩。/ 戴上手镯。
Dài kǒuzhào. / Dài shàng shǒuzhuó.

마스크를 쓰다. / 팔찌를 차다.

684
当
[dāng 땅]
담당하다, 맡다

当代表。
Dāng dàibiǎo.

대표를 맡다.

129

685
☐
☐ **道歉**
☐ [dàoqiàn 따오치엔]
사과하다, 사죄하다

我错了, 我向你道歉。
Wǒ cuòle, wǒ xiàng nǐ dàoqiàn.

내가 잘못했어, 너에게 사과할게.

686
☐
☐ **打扰**
☐ [dǎrǎo 다라오]
방해하다, 지장을 주다

他在休息,不要打扰他。
Tā zài xiūxi, búyào dǎrǎo tā.

그가 휴식 중이니 방해하지 마라.

687
☐
☐ **打印**
☐ [dǎyìn 다인]
프린트하다

用电脑打印。
Yòng diànnǎo dǎyìn.

컴퓨터로 프린트하다.

688
☐
☐ **打招呼**
☐ [dǎzhāohū 다자오후]
인사하다

跟他们打招呼了吗?
Gēn tā men dǎzhāohū le ma?

그들에게 인사는 했어요?

689
☐
☐ **打折**
☐ [dǎzhé 다저]
꺾다, 끊다

打折筷子。
Dǎzhé kuàizi.

젓가락을 꺾다.

690
☐
☐ **打针**
☐ [dǎzhēn 다전]
주사를 놓다(맞다)

去医院打针。
Qù yīyuàn dǎzhēn.

병원에 가서 주사를 맞다.

691
☐ **得**
☐ [dé 더]
☐ 얻다, 획득하다, 받다

取得经验。
Qǔdé jīngyàn.

경험을 얻다.

692
☐ **掉**
☐ [diào 땨오]
☐ 떨어지다, 떨어뜨리다

掉在地下了, 快捡起来!
Diào zài dì xià le, kuài jiǎn qǐlái!

땅에 떨어졌다, 빨리 주워라!

693
☐ **调查**
☐ [diàochá 땨오차]
☐ 조사하다

调查事故原因。
Diàochá shìgùyuányīn.

사고 원인을 조사하다.

694
☐ **丢**
☐ [diū 띠우]
☐ 잃다, 잃어버리다

丢了一个手表。
Diū le yīgè shǒubiǎo.

손목시계 하나를 잃어버렸다.

695
☐ **堵车**
☐ [dǔchē 두처]
☐ 교통이 꽉 막히다

这个地段经常**堵车**。
Zhège dìduàn jīngcháng dǔchē.

이 구역은 늘 교통이 막힌다.

696
☐ **对话**
☐ [duìhuà 뚜이후아]
☐ 대화하다

进行坦率的**对话**。
Jìnxíng tǎnshuài de duìhuà.

진솔한 대화를 나누다.

697
反对
[fǎnduì 판뛔이]
반대하다

大多数反对。
Dàduōshù fǎnduì.

대부분 반대했다.

698
放弃
[fàngqì 팡치]
(권리 등을) 버리다, 포기하다

中途放弃学业。
Zhōngtú fàngqì xuéyè.

학업을 중도에 포기하다.

699
放暑假
[fàngshǔjià 팡수지아]
여름방학을 하다

快放暑假了。
Kuài fàngshǔjià le.

곧 여름방학을 한다.

700
放松
[fàngsōng 팡쏭]
늦추다, 느슨하게 하다

切不可放松警惕。
Qiē bùkě fàngsōng jǐngtì.

결코 경각심을 늦추어서는 안 된다.

701
翻译
[fānyì 판이]
번역하다, 통역하다

翻译英文资料。
Fānyì yīngwén zīliào.

영문 자료를 번역하다.

702
发生
[fāshēng 파성]
생기다, 발생하다

发生了变化。
Fāshēngle biànhuà.

변화가 발생하다.

703
☐
☐ **发展**
☐ [fāzhǎn 파잔]
발전하다

经济快速**发展**。
Jīngjì kuàisù fāzhǎn.

경제가 급속하게 발전하다.

704
☐ **符合**
☐ [fúhé 푸허]
☐ 부합하다, 들어맞다

符合客观实际。
Fúhé kèguān shíjì.

객관적인 사실과 부합하다.

705
☐ **付款**
☐ [fùkuǎn 푸쿠안]
☐ 돈을 지불하다

先**付款**后发货。
Xiān fùkuǎn hòu fāhuò.

먼저 돈을 지불한 후에 화물을 발송하다.

706
☐ **复印**
☐ [fùyìn 푸인]
☐ (복사기로) 복사하다

这个文件**复印**几张?
Zhègè wénjiàn fùyìn jǐzhāng?

이 문서를 몇 장이나 복사하면 됩니까?

707
☐ **负责**
☐ [fùzé 푸쩌]
☐ 책임지다

你真的**负责**吗?
Nǐ zhēn de fùzé ma?

네가 정말로 책임을 지느냐?

708
☐ **改变**
☐ [gǎibiàn 가이삐엔]
☐ 변하다, 바뀌다

发型**改变**了。
Fāxíng gǎibiàn le.

머리 모양이 바뀌다.

709
□
□ 赶
□ [gǎn 간]
뒤쫓다, 따라가다

走远了赶不上了。
Zǒu yuǎn le gǎn bù shàng le.

멀리 달아나서 더 이상 따라잡을 수 없다.

710
□ 干杯
□ [gānbēi 깐뻬이]
□ 건배하다

为大家的健康干杯。
Wèi dàjiā de jiànkāng gānbēi.

모두의 건강을 위해 건배합시다.

711
□ 感动
□ [gǎndòng 간똥]
□ 감동하다, 감동되다

我被他感动了。
Wǒ bèi tā gǎndòng le.

나는 그에게 감동했어요.

712
□ 感谢
□ [gǎnxiè 간시에]
□ 고맙다, 감사하다

真心感谢你们!
Zhēnxīn gǎnxiè nǐmen!

진심으로 감사드립니다!

713
□ 够
□ [gòu 꺼우]
□ (필요한 기준 등을) 만족시키다

钱够不够?
Qián gòubúgòu?

돈은 충분합니까?

714
□ 购物
□ [gòuwù 꺼우우]
□ 물품을 구입하다

到商场购物。
Dào shāngchǎng gòuwù.

백화점에 가서 물건을 사다.

---

715 挂
[guà 꾸아]
붙어 있다, (고리 등에) 걸다

墙上挂着字画。
Qiáng shàng guàzhe zìhuà.

벽에 서화가 걸려 있다.

716 逛
[guàng 꾸앙]
거닐다, 돌아다니다

一个人逛大街。
Yígè rén guàngdàjiē.

혼자 거리를 거닐다.

717 广播
[guǎngbō 구앙뽀]
방송하다

广播重要新闻。
Guǎngbō zhòngyào xīnwén.

주요 뉴스를 방송하다.

718 管理
[guǎnlǐ 구안리]
관리하다

管理报刊资料。
Guǎnlǐ bàokān zīliào.

신문 간행물 등 자료를 관리하다.

719 规定
[guīdìng 꾸이띵]
규정하다, 정하다

制定律法加以规定。
Zhìdìng lǜ fǎ jiāyǐ guīdìng.

법률을 제정하여 규정하다.

720 估计
[gūjì 꾸지]
추측하다, 짐작하다

估计明天有雨。
Gūjì míngtiān yǒu yǔ.

아마도 내일은 비가 올 것이다.

721 **鼓励** [gǔlì 구리] 격려하다	**鼓励**他努力学习。 Gǔlì tā nǔlì xuéxí. 힘써 공부하라고 그를 격려하였다.
722 **害羞** [hàixiū 하이시우] 부끄러워하다	怎么能这么**害羞**呢? Zěnme néng zhème hàixiū ní? 이다지도 부끄러울 수 있을까?
723 **后悔** [hòuhuǐ 허우후이] 후회하다	以后不要**后悔**哦。 Yǐhòu búyào hòuhuǐ é. 나중에 후회하지 말아요.
724 **怀疑** [huáiyí 화이이] 의심하다	你**怀疑**我的爱么? Nǐ huáiyí wǒ de ài me? 내 사랑을 의심하는 거야?
725 **回忆** [huíyì 후이이] 회상하다, 추억하다	**回忆**童年时光。 Huíyì tóngnián shí guāng. 어린 시절을 회상하다.
726 **获得** [huòdé 후어더] 얻다, 취득하다	**获得**宝贵的经验。 Huòdé bǎoguì de jīngyàn. 귀중한 경험을 얻다.

727
活动
[huódòng 후어똥]
(몸을) 움직이다

活动活动就好了。
Huódònghuódòng jiù hǎo le.

조금 움직이면 괜찮을 거예요.

728
寄
[jì 지]
(우편으로) 부치다, 보내다

去邮局寄包裹。
Qù yóujú jì bāoguǒ.

우체국에 소포 부치러 가다.

729
加班
[jiābān 지아빤]
잔업하다

这个周末要加班。
Zhège zhōumò yào jiābān.

이번 주말에는 잔업을 해야 한다.

730
坚持
[jiānchí 지엔츠]
견지하다, 고집하다

坚持自己主张。
Jiānchí zìjǐ zhǔzhāng.

자기 주장을 견지하다.

731
减肥
[jiǎnféi 지엔페이]
살을 빼다, 감량하다

通过运动来减肥。
Tōngguò yùndòng lái jiǎnféi.

운동으로 다이어트를 할 수 있다.

732
降低
[jiàngdī 지앙띠]
내리다, 낮추다

降低公共费用。
Jiàngdī gōnggòng fèiyòng.

공공요금을 내리다.

733
降落
[jiàngluò 지앙루어]
내려오다, 착륙하다

飞机徐徐降落。
Fēijī xúxú jiàngluò.

비행기가 서서히 착륙하다.

734
减少
[jiǎnshǎo 지엔사오]
감소하다, 줄다, 줄이다

减少了多少?
Jiǎnshǎo le duōshǎo?

얼마나 줄였나?

735
建议
[jiànyì 지엔이]
제기하다, 제안하다

我建议明天动身。
Wǒ jiànyì míngtiān dòngshēn.

나는 내일 출발하자고 건의했다.

736
交
[jiāo 쟈오]
서로 교차하다, 서로 맞닿다

两直线相交于一点。
Liǎng zhíxiàn xiāngjiāo yú yīdiǎn.

두 직선이 한 점에서 교차하다.

737
交流
[jiāoliú 쟈오리우]
교류하다

与邻国进行交流。
Yǔ línguó jìnxíng jiāoliú.

이웃 나라와 교류하다.

738
激动
[jīdòng 지똥]
감격하다, 흥분하다

别这么激动。
Bié zhème jīdòng.

그렇게 흥분하지 마라.

138

739
解释
[jiěshì 지에스]
해석하다

这个字义怎么解释?
Zhège zì yì zěnme jiěshì?

이 글자의 뜻은 어떻게 해석합니까?

740
接受
[jiēshòu 지에서우]
받아들이다, 받다

接受我的爱。
Jiēshòu wǒ de ài.

내 사랑을 받아줘요.

741
节约
[jiéyuē 지에위에]
절약하다, 줄이다

节约时间。
Jiéyuē shíjiān.

시간을 절약하다.

742
计划
[jìhuà 지후아]
계획하다, 꾸미다

计划出一本书。
Jìhuà chū yìběn shū.

책 한 권의 출판을 계획하다.

743
积累
[jīlěi 지레이]
쌓이다, 누적되다

积累了很多压力。
Jīlěi le hěnduō yālì.

스트레스가 많이 쌓였어요.

744
经历
[jīnglì 징리]
체험하다, 경험하다

经历过困难。
Jīnglì guò kùnnán.

어려움을 경험했다.

745

☐
☐
☐

竞争

[jìngzhēng 징정]

경쟁하다

我不能和他**竞争**。

Wǒ bùnéng hé tā jìngzhēng.

나는 그와 경쟁을 할 수가 없습니다

746

☐
☐
☐

进行

[jìnxíng 진싱]

앞으로 나아가다, 전진하다

事情**进行**得怎样?

Shìqíng jìnxíng dé zěnyàng?

일이 어떻게 진행되고 있습니까?

747

☐
☐
☐

禁止

[jìnzhǐ 진즈]

금지하다

禁止外人出入。

Jìnzhǐ wàirén chūrù.

외부인의 출입을 금하다.

748

☐
☐
☐

继续

[jìxù 지쉬]

계속하다, 끊임없이 하다

他觉也不睡, **继续**学习。

Tā jué yě bù shuì, jìxù xuéxí.

그는 잠도 자지 않고 계속 공부했다.

749

☐
☐
☐

举

[jǔ 쥐]

들다, 들어 올리다

您能**举**个例子吗?

Nín néng jǔ gè lìzi ma?

예를 하나 들어 주시겠어요?

750

☐
☐
☐

举办

[jǔbàn 쥐빤]

개최하다, 열다

举办竞唱活动。

Jǔbàn jìng chàng huódòng.

노래자랑 행사를 개최하다.

---

751 拒绝
[jùjué 쮜쮜에]
거절하다

拒绝他人之托。
Jùjué tārén zhī tuō.
부탁을 거절하다.

752 举行
[jǔxíng 쮜싱]
거행하다

举行开学典礼。
Jǔxíng kāixuédiǎnlǐ.
개학식을 거행하다.

753 开玩笑
[kāiwánxiào 카이완샤오]
농담하다, 놀리다

别老开玩笑。
Bié lǎo kāiwánxiào.
자꾸 농담하지 마세요.

754 考虑
[kǎolǜ 카오뤼]
고려하다

我再考虑考虑。
Wǒ zài kǎolǜ kǎolǜ.
좀 더 생각해 볼게요.

755 咳嗽
[késòu 커쏘우]
기침하다

他一直不停地咳嗽。
Tā yīzhí bù tíng dì késòu.
그는 줄곧 기침하고 있다.

756 困
[kùn 쿤]
포위하다, 가두어 놓다

把敌人困在山沟里。
Bǎ dírén kùn zài shāngōu lǐ.
적을 산골짜기에 가두어 놓다.

757
拉
[lā 라]
끌다, 당기다

她拉我的耳朵。
Tā lā wǒ de ěrduǒ.

그녀는 나의 귀를 잡아 당겼다.

758
来不及
[láibùjí 라이뿌지]
돌볼(손쓸) 틈이 없다

来不及想这个。
Láibùjí xiǎng zhègè.

이것을 생각할 겨를이 없다.

759
来得及
[láidejí 라이더지]
늦지 않다, 돌볼 수가 있다

现在就去, 也许还来得及。
Xiànzài jiù qù, yěxǔ hái láidejí.

지금 곧 가면 아마 아직 늦지 않을 것이다.

760
来自
[láizì 라이쯔]
~(로)부터 오다, ~에서 나오다

您来自哪里?
Nín láizì nǎlǐ?

어디서 오셨습니까?

761
浪费
[làngfèi 랑페이]
낭비하다, 허비하다

别浪费时间。
Bié làngfèi shíjiān.

시간을 낭비하지 말라.

762
连
[lián 리엔]
잇다, 붙이다

话的前后连不上。
Huà de qiánhòu lián bú shàng.

말의 앞뒤가 맥락이 닿지 않는다.

763
联系
[liánxì 리엔시]
연락하다, 연결하다

联系后也给我**联系**一下。
Liánxì hòu yě jǐ wǒ liánxì yīxià.

연락해 보고 나한테도 연락 줘.

764
理发
[lǐfà 리파]
이발하다

头发太长了, 该去**理发**了。
Tóufa tàicháng le, gāi qù lǐfàle.

머리가 너무 길어서 이발하러 가야 한다.

765
理解
[lǐjiě 리지에]
알다, 이해하다

对不起, 我不**理解**。
Duìbùqǐ, wǒ bù lǐjiě.

죄송하지만, 이해가 안가요.

766
例如
[lìrú 리루]
예를 들다

例如, 可以这样做。
Lìrú, kěyǐ zhèyàng zuò.

예를 들어서, 이렇게 할 수 있어요.

767
留
[liú 리우]
보관하다, 보류하다

他**留**在首尔了。
Tā liú zài shǒu ěr le.

그는 서울에 머물렀다.

768
流行
[liúxíng 리우싱]
유행하다

最近感冒**流行**。
Zuìjìn gǎnmào liúxíng.

요즈음 감기가 유행이에요.

769 ☐ ☐ ☐ **旅行** [lǚxíng 뤼싱] 여행하다	和谁一起去**旅行**? Hé shéi yìqǐ qù lǚxíng? 누구와 같이 여행을 갑니까?
770 ☐ ☐ ☐ **免费** [miǎnfèi 미엔페이] 무료로 하다	这个是**免费**的吗? Zhège shì miǎnfèi de ma? 이것은 무료입니까?
771 ☐ ☐ ☐ **迷路** [mílù 미루] 길을 잃다	**迷路**了, 在山中徘徊。 Mílù le, zài shān zhōng páihuái. 길을 잃어 산속을 헤매다.
772 ☐ ☐ ☐ **弄** [nòng 농] 손에 넣다, 마련하다, 갖추다	**弄**两张票。 Nòng liǎngzhāng piào. 표 두 장을 손에 넣다.
773 ☐ ☐ ☐ **排队** [páiduì 파이뚜이] 줄을 서다	请按顺序**排队**。 Qǐng àn shùnxù páiduì. 순서대로 줄을 서주십시오.
774 ☐ ☐ ☐ **排列** [páiliè 파이리에] 배열하다	按序次**排列**。 Àn xù cì páiliè. 차례대로 배열하다.

775
判断
[pànduàn 판뚜안]
판단하다

不要轻率判断。
Búyào qīngshuài pànduàn.

경솔하게 판단하지 마라.

776
陪
[péi 페이]
모시다, 동반하다

陪老师吃饭。
Péi lǎoshī chīfàn.

선생님을 모시고 함께 식사하다.

777
骗
[piàn 피엔]
속이다, 기만하다

他把我骗开。
Tā bǎ wǒ piàn kāi.

그는 나를 속였다.

778
批评
[pīpíng 피핑]
비판하다, 지적하다, 꾸짖다

着实批评了他一顿。
Zheshí pīpíng le tā yīdùn.

그를 한바탕 톡톡히 비판했다.

779
破
[pò 포]
파손되다, 찢어지다

裤子撕破了。
Kùzi sīpò le.

바지가 찢어졌다.

780
敲
[qiāo 챠오]
치다, 두드리다

不知道是谁敲了门。
Bù zhīdào shì shéi qiāo le mén.

누군가가 문을 두드린다.

781

轻

[qīng 칭]

경시하다, 얕보다

你别看轻他。

Nǐ bié kàn qīng tā.

그를 얕보지 마라.

782

取

[qǔ 취]

가지다, 취하다

我该到哪里来取?

Wǒ gāi dào nǎlǐ lái qǔ?

어디로 찾으러 가면 됩니까?

783

却

[què 취에]

후퇴하다, 물러나다

遇到挫折也不退却。

Yùdào cuòzhé yě bù tuìquè.

좌절을 겪어도 물러나지 않다.

784

扔

[rēng 렁]

던지다

把球扔给我。

Bǎ qiú rēng gěiwǒ.

공을 나한테 던져라.

785

入口

[rùkǒu 루커우]

수입하다

入口一批钢材。

Rùkǒu yìpī gāngcái.

일부 강재를 수입하다.

786

散步

[sànbù 싼뿌]

산책하다

吃完晚饭后散步一小时。

Chī wán wǎnfàn hòu sànbù yì xiǎoshí.

저녁 식사 후 1시간 산책하다.

787
商量
[shāngliáng 상리양]
상의하다, 의논하다

还是**商量商量**为好。
Hái shì shāngliáng shāngliáng wéi hǎo.

역시 상의를 해 보는 편이 좋다.

788
伤心
[shāngxīn 상신]
상심하다, 슬퍼하다

你别为这事**伤心**了。
Nǐ bié wéi zhè shì shāngxīn le.

너 이 일로 마음 아파하지 마라.

789
剩
[shèng 성]
남다, 남기다

吃不了**剩**下吧。
Chī bù liǎo shèngxià bā

(다) 못 먹겠으면 남기세요.

790
省
[shěng 성]
아끼다, 절약하다

用钱要**省**着点!
Yòng qián yào shěng zhe diǎn!

돈은 좀 아껴 써라!

791
申请
[shēnqǐng 선칭]
신청하다

直接去**申请**就行吗?
Zhíjiē qù shēnqǐng jiù xíng ma?

직접 가서 신청하면 되나요?

792
使
[shǐ 스]
~시키다, ~하게 하다

使人感动。
Shǐ rén gǎndòng.

사람을 감동시키다.

793
失败
[shībài 스빠이]
실패하다

该计画注定失败。
Gāi jì huà zhùdìng shībài.

그 계획은 반드시 실패할 것이다.

794
适合
[shìhé 스허]
적합하다, 알맞다

这个发型很适合你。
Zhège fàxíng hěn shìhé nǐ.

이 헤어스타일이 너에게 어울린다.

795
失望
[shīwàng 스왕]
실망하다

别让我失望。
Bié ràng wǒ shīwàng.

저를 실망시키지 마세요.

796
适应
[shìyīng 스잉]
적응하다

适应新的生活。
Shìyīng xīn de shēnghuó.

새로운 생활에 적응하다.

797
使用
[shǐyòng 스용]
사용하다, 쓰다

吃饭时, 只使用筷子。
Chīfàn shí, zhǐ shǐyòng kuàizi.

식사 때 젓가락만 사용한다.

798
收
[shōu 서우]
받다, 접수하다

请收下作为纪念。
Qǐng shōu xià zuòwéi jìniàn.

기념으로 받아 주십시오.

799
受不了
[shòubùliǎo 서우뿌랴오]
견딜 수 없다

疼得受不了。
Téng dé shòubùliǎo.

아파서 견딜 수 없다.

800
受到
[shòudào 서우따오]
얻다, 받다

受到帮助。
Shòudào bāngzhù.

도움을 받다.

801
收拾
[shōushi 서우스]
거두다, 정리하다

收拾得很干净。
Shōushí dé hěn gānjìng.

말끔히 정리하다.

802
输
[shū 수]
패하다, 지다

这场球他们输了。
Zhè chǎng qiú tāmen shūle.

이번 시합에서 그들이 졌다.

803
说明
[shuōmíng 수어밍]
설명하다

我该怎么说明?
Wǒ gāi zěnme shuōmíng?

어떻게 설명해야 좋을까요?

804
死
[sǐ 쓰]
(생물이) 죽다

是死是活?
Shì sǐ shì huó?

살았니? 죽었니?

805
随着
[suízhe 쑤이저]
(~에) 따르다

您前边走, 我后边随着。
Nín qiánbiān zǒu, wǒ hòubiān suízhe.

먼저 앞서십시오, 제가 뒤를 따르겠습니다.

806
抬
[tái 타이]
맞들다, 함께 들다

把床抬到里屋。
Bǎ chuáng tái dào lǐwū.

침대를 안방으로 맞들고 가다.

807
谈
[tán 탄]
말하다, 이야기하다

我们见面谈吧。
Wǒmen jiànmiàn tán bā.

만나서 얘기하시죠.

808
躺
[tǎng 탕]
눕다, 드러눕다

他躺在床上看书。
Tā tǎng zàichuáng shàng kànshū.

그는 침대에 드러누워서 책을 본다.

809
弹钢琴
[tángāngqín 탄깡친]
피아노를 치다

我会弹钢琴。
Wǒ huì tángāngqín.

나는 피아노를 칠 줄 안다.

810
讨论
[tǎolùn 타오룬]
토론하다

讨论了一个下午。
Tǎolùnle yígè xiàwǔ.

오후 내내 토론하였다.

811 讨厌
[tǎoyàn 타오이엔]
싫어하다, 미워하다

他不可能讨厌我。
Tā bù kěnéng tǎoyàn wǒ.

그가 나를 싫어할 리가 없어요.

812 提
[tí 티]
(아래에서 위로) 끌어올리다

把裤子往上提。
Bǎ kùzi wǎngshàng tí.

바지를 올리다.

813 填空
[tiánkòng 티엔콩]
빈자리를 메우다

给下面句子填空。
Gěi xiàmiàn jùzi tiánkòng.

다음 문장의 여백을 메우시오.

814 提供
[tígōng 티꽁]
제공하다

我们只提供早饭和晚饭。
Wǒmen zhǐ tígōng zǎofàn hé wǎnfàn.

우리는 아침, 저녁만 제공해요.

815 停
[tíng 팅]
정지하다, 멎다

雨突然停了。
Yǔ tūrán tíng le.

비가 갑자기 멈추었다.

816 提前
[tíqián 티치엔]
앞당기다

原来的计划提前了。
Yuánlái de jìhuà tíqián le.

처음의 계획이 앞당겨졌다.

817
提醒
[tíxǐng 티싱]
일깨우다, 깨우치다

谢谢提醒。
Xièxiè tíxǐng.

깨우쳐 줘서 고마워요.

818
通过
[tōngguò 통꾸어]
건너가다, 통과하다

汽车通过大桥。
Qìchē tōngguò dàqiáo.

자동차가 큰 다리를 통과하다.

819
同情
[tóngqíng 통칭]
동정하다

我同情他的不幸。
Wǒ tóngqíng tā de bùxìng.

나는 그의 불행을 동정한다.

820
推
[tuī 투이]
밀다

轻轻推了他一下。
Qīngqīng tuī le tā yīxià.

가볍게 그를 밀쳤다.

821
推迟
[tuīchí 투이츠]
뒤로 미루다, 늦추다

推迟出国。
Tuīchí chūguó.

출국을 미루다.

822
脱
[tuō 투어]
(몸에서) 벗다

脱衣裳。/ 脱袜子。
Tuō yīshang. / Tuō wàzi.

옷을 벗다. / 양말을 벗다.

823
无
[wú 우]
없다

无一定计划。
Wú yídìng jìhuà.

일정한 계획이 없다.

824
误会
[wùhuì 우후이]
오해하다

请不要误会。
Qǐng bùyào wùhuì.

오해하지 마십시오.

825
污染
[wūrǎn 우란]
오염시키다

河被石油污染了。
Hé bèi shíyóu wūrǎn le.

강이 기름으로 오염되었다.

826
响
[xiǎng 시앙]
소리가 나다, 울리다

电话铃响了。
Diànhuàlíng xiǎngle.

전화벨이 울리다.

827
羡慕
[xiànmù 시엔무]
흠모하다, 부러워하다

他羡慕我的成功。
Tā xiànmù wǒ de chénggōng.

그가 나의 성공을 부러워한다.

828
行
[xíng 싱]
좋다, ~해도 좋다

只有这样才行。
Zhǐyǒu zhèyàng cái xíng.

이렇게 해야만 된다.

829
醒
[xǐng 싱]
잠에서 깨다

睡着睡着就醒了。
Shuìzháo shuìzháo jiù xǐng le.

잠을 자다가 깼어요.

830
修理
[xiūlǐ 시우리]
수리하다, 고치다

去修理自行车了。
Qù xiūlǐ zìxíngchē le.

자전거를 고치러 갔어요.

831
吸引
[xīyǐn 시인]
빨아들이다, 잡아끌다

这地方是吸引人的。
Zhè dìfāng shì xīyǐn rén de.

이곳은 사람을 끌어들인다.

832
演出
[yǎnchū 이엔추]
공연하다

今晚演出戏曲。
Jīnwǎn yǎnchū xìqǔ.

오늘 저녁 희극을 공연한다.

833
养成
[yǎngchéng 이앙청]
양성하다, 기르다

养成良好习惯。
Yǎngchéng liánghǎo xíguàn.

좋은 습관을 기르다.

834
邀请
[yāoqǐng 야오칭]
초청하다, 초대하다

感谢您的邀请。
Gǎnxiè nín de yāoqǐng.

초대해 주셔서 감사합니다.

835
□
□ 赢
□ [yíng 잉]
이기다, 이익을 얻다

我们队赢了。
Wǒmen duì yíng le.

우리 팀이 이겼습니다.

836
□
□ 应聘
□ [yìngpìn 잉핀]
초빙에 응하다

是否应聘, 请速决。
Shìfǒu yìngpìn, qǐng sùjué.

초빙에 응할지를 속히 결정하시기 바랍니다.

837
□
□ 引起
□ [yǐnqǐ 인치]
(주의를) 끌다, 야기하다

引起人们的关注。
Yǐnqǐ rénmen de guānzhù.

사람들의 관심을 끌다.

838
□
□ 以为
□ [yǐwéi 이웨이]
여기다, 생각하다

她自以为漂亮。
Tā zì yǐwéi piāoliàng.

그녀는 자신이 예쁘다고 여긴다.

839
□
□ 由
□ [yóu 여우]
경과하다, 경유하다, 지나다

由他门前走。
Yóu tā ménqián zǒu.

그의 집 문 앞을 지나가다.

840
□
□ 与
□ [yǔ 위]
주다, 베풀다

与人方便。
Yǔ rén fāngbiàn.

남을 편하게 해 주다.

841
□
□
□
原谅
[yuánliàng 위엔리앙]
양해하다

请多多**原谅**!
Qǐng duōduō yuánliàng!

많은 양해 바랍니다!

842
□
□
□
阅读
[yuèdú 위에두]
열독하다, (책 따위를) 보다

我没有时间**阅读**。
Wǒ méiyǒu shíjiān yuèdú.

나는 책을 읽을 시간이 없다.

843
□
□
□
约会
[yuēhuì 위에후이]
만날 약속을 하다

我们已经**约会**过了。
Wǒmen yǐjīng yuēhuì guòle.

우리는 이미 데이트를 약속했다.

844
□
□
□
云
[yún 윈]
말하다

不知所**云**。
Bù zhī suǒ yún.

말한 바를 이해하지 못하다.

845
□
□
□
允许
[yǔnxǔ 윈쉬]
동의하다, 허가하다

爸爸**允许**(我)去旅游。
Bàba yǔnxǔ (wǒ) qù lǚyóu.

아버지께서 여행을 허가하셨다.

846
□
□
□
预习
[yùxí 위시]
예습하다

上课前请先**预习**。
Shàngkè qián qǐng xiān yùxí.

수업하기 전에 예습부터 하세요.

847 增加
[zēngjiā 쩡지아]
증가하다, 늘리다

他增加了体重。
Tā zēngjiā le tǐzhòng.

그는 체중이 늘었다.

848 占线
[zhànxiàn 잔시엔]
통화 중이다

对方占线, 请您等一会儿。
Duìfāng zhànxiàn, qǐng nín děng yīhuìr.

상대가 통화 중이니 잠시 기다려주세요.

849 照
[zhào 자오]
비추다, 비치다

灯光照得屋里。
Dēngguāng zhàode wūlǐ.

등불이 방 안을 비추다.

850 招聘
[zhāopìn 자오핀]
모집하다, 초빙하다

招聘讲课老师听讲。
Zhāopìn jiǎngkè lǎoshī tīngjiǎng.

강사를 초빙하여 강연을 듣다.

851 整理
[zhěnglǐ 정리]
정리하다

他把书整理好。
Tā bǎ shū zhěnglǐ hǎo.

그는 책을 잘 정리했다.

852 证明
[zhèngmíng 정밍]
증명하다

证明自己的清白。
Zhèngmíng zìjǐ de qīngbái.

자신의 결백을 증명하다.

853
☐
☐ 之
☐ [zhī 즈]
가다

君将何之?
Jūn jiāng hé zhī?

그대는 어디로 가려는가?

854
☐
☐ 支持
☐ [zhīchí 즈츠]
지지하다

我支持你的意见。
Wǒ zhīchí nǐ de yìjiàn.

나는 너의 의견을 지지한다.

855
☐
☐ 重视
☐ [zhòngshì 죵스]
중시하다

这个意见值得重视。
Zhège yìjiàn zhídé zhòngshì.

이 의견은 중요시할 필요가 있다.

856
☐
☐ 转
☐ [zhuàn 주안]
돌다, 회전하다

月亮绕着地球转。
Yuèliang ràozhe Dìqiú zhuàn.

달이 지구 주위를 돌다.

857
☐
☐ 赚
☐ [zhuàn 주안]
(돈을) 벌다

有时赚, 有时赔。
Yǒushí zhuàn, yǒushí péi.

어떤 때는 벌고, 어떤 때는 밑지다.

858
☐
☐ 祝贺
☐ [zhùhè 주허]
축하하다

祝贺你毕业。
Zhùhè nǐ bìyè.

졸업을 축하합니다.

859
自信
[zìxìn 쯔신]
자신하다, 자부하다

他自信能取胜。
Tā zìxìn néng qǔshèng.

그는 승리할 수 있다고 자신한다.

860
总结
[zǒngjié 종지에]
총괄하다

总结讨论结果。
Zǒngjié tǎolùn jiéguǒ.

토론의 결과를 총괄하다.

861
租
[zū 쭈]
세내다, 임차하다

他在城里租了套房子住。
Tā zài chénglǐ zūle tào fángzǐ zhù.

그는 시내에 집을 임차하여 산다.

862
尊重
[zūnzhòng 쭌종]
존중하다

尊重别人的意见。
Zūnzhòng biérén de yìjiàn.

남의 의견을 존중하다.

863
爱惜
[àixī 아이시]
아끼다, 소중히 여기다

爱惜生命。
Àixī shēngmìng.

생명을 소중히 여기다.

864
摆
[bǎi 바이]
흔들다, 젓다

他急得只摆头。
Tā jí de zhǐ bǎi tóu.

그는 어찌나 급했던지 고개만 흔들었다.

PART 03

형용사

865
□
□ **大** [dà 따]
□ 크다, 넓다

这间房子真大。
Zhè jiān fángzi zhēn dà.

이 방은 참 크다.

866
□
□ **多** [duō 뚜어]
□ (수량이) 많다

这里总是人多。
Zhèlǐ zǒng shì rén duō.

여기는 늘 사람이 많아요.

867
□
□ **高兴** [gāoxìng 까오싱]
□ 기쁘다, 즐겁다

啊, 真高兴!
Ā, zhēn gāoxìng!

아, 정말 기쁘다!

868
□
□ **好** [hǎo 하오]
□ 좋다, 훌륭하다

我觉得很好, 很好。
Wǒ juéde hěn hǎo, hěn hǎo.

난 너무 좋아, 좋아.

869
□
□ **和** [hé 허]
□ 조화롭다, 화목하다

弟兄不和。
Dìxiōng bù hé.

형제가 화목하지 않다.

870
□
□ **冷** [lěng 렁]
□ 춥다, 차다, 시리다

天气很冷。
Tiānqì hěn lěng.

날씨가 몹시 춥다.

871
漂亮
[piàoliang 퍄오리앙]
예쁘다, 아름답다

她非常漂亮。
Tā fēicháng piàoliang.

그녀는 아주 예쁘다.

872
热
[rè 러]
덥다, 뜨겁다

天气热。/ 水热了。
Tiānqì rè. / Shuǐ rè le.

날씨가 덥다. / 물이 뜨거워지다.

873
少
[shǎo 사오]
적다

觉得工资少。
Juéde gōngzī shǎo.

급여가 너무 적다고 생각했다.

874
是
[shì 스]
맞다, 옳다

你说得是。
Nǐ shuō de shì.

네 말이 맞다.

875
太
[tài 타이]
높다, 크다

遨游太空。
Áoyóu tàikōng.

우주를 여행하다.

876
小
[xiǎo 샤오]
작다, 적다, 어리다

房子太小。/ 饭量小。
Fángzi tài xiǎo. / Fànliàng xiǎo.

집이 너무 작다. / 식사량이 적다.

877
□
□ **白**
□ [bái 바이]
하얗다, 희다

穿着白衣服。
Chuānzhe bái yīfu.

하얀 옷을 입고 있다.

878
□
□ **长**
□ [cháng 창]
(길이가) 길다

这条路很长。
Zhè tiáo lù hěn cháng.

이 길은 매우 길다.

879
□
□ **对**
□ [duì 뚜이]
맞다, 옳다

验算一下, 看对不对。
Yànsuàn yíxià, kàn duì búduì.

한 번 검산을 하여 맞는지를 봐라.

880
□
□ **高**
□ [gāo 까오]
(높이가) 높다

这山比那山高。
Zhè shān bǐ nà shān gāo.

이 산은 저 산보다 높다.

881
□
□ **贵**
□ [guì 꾸이]
(가격 등이) 비싸다, 귀하다

这本书不贵。
Zhè běn shū bù guì.

이 책은 비싸지 않다.

882
□
□ **好吃**
□ [hǎochī 하오츠]
맛있다

什么最好吃?
Shénme zuì hàochī?

뭐가 맛있어요?

883
□
□ 黑
□ [hēi 헤이]
검다, 까맣다

我喝黑咖啡。
Wǒ hē hēi kāfēi.

저는 커피를 블랙으로 주세요.

884
□
□ 红
□ [hóng 홍]
붉다, 빨갛다

她的衣服是红颜色。
Tā de yīfú shì hóng yánsè.

그녀의 옷은 붉은색이다.

885
□
□ 近
□ [jìn 진]
가깝다, 짧다

从家到学校近吗?
Cóng jiā dào xuéxiào jìn ma?

집에서 학교까지 가까워요?

886
□
□ 可能
□ [kěnéng 커넝]
가능하다

不可能吗?
Bù kěnéng ma?

불가능하나요?

887
□
□ 快
□ [kuài 콰이]
빠르다

我的表快五分。
Wǒ de biǎo kuài wǔfēn.

내 시계는 5분이 빠르다.

888
□
□ 快乐
□ [kuàilè 콰이러]
즐겁다, 유쾌하다

我非常快乐!
Wǒ fēicháng kuàilè!

정말 즐거워요!

889
累
[lèi 레이]
지치다, 피곤하다

今天你累吗?
Jīntiān nǐ lèi ma?

오늘 당신은 피곤하십니까?

890
慢
[màn 만]
느리다

再慢一点儿说。
Zài màn yìdiǎnr shuō.

좀 더 천천히 말씀해 주십시오.

891
忙
[máng 망]
바쁘다

这一向忙不忙?
Zhè yīxiàng máng bù máng?

요즘 바쁘십니까?

892
便宜
[piányi 피엔이]
(값이) 싸다

可以再便宜一些吗?
Kěyǐ zài piányi yìxiē ma?

더 싸게 할 수 있습니까?

893
晴
[qíng 칭]
하늘이 맑다

明天天气会晴吧?
Míngtiān tiānqì huì qíng ba?

내일은 날씨가 개겠지요?

894
新
[xīn 신]
새롭다

新出来了。
Xīn chūlái le.

새로 나왔습니다.

895 阴 [yīn 인] 흐리다

今天天阴了。
Jīntiān tiān yīn le.
오늘은 날씨가 흐렸다.

896 远 [yuǎn 위엔] 멀다

火车站离这儿远吗?
Huǒchēzhàn lí zhèér yuǎn ma?
여기서 기차역이 멉니까?

897 矮 [ǎi 아이] (사람의 키가) 작다

他个子很矮吗?
Tā gèzi hěn ǎi ma?
그는 키가 많이 작은가요?

898 安静 [ānjìng 안징] 조용하다, 잠잠하다

图书馆里非常安静。
Túshūguǎn lǐ fēicháng ānjìng.
도서관은 아주 조용하다.

899 饱 [bǎo 바오] 배부르다

我饱了, 一点也吃不下了。
Wǒ bǎo le, yīdiǎn yě chī bù xià le.
배불러서, 조금도 더 먹을 수 없다.

900 差 [chà 차] 나쁘다, 표준에 못 미치다

他的学习成绩很差。
Tā de xuéxíchéngjì hěn chà.
그의 학업 성적은 매우 나쁘다.

901 聪明
[cōngmíng 총밍]
똑똑하다, 총명하다

真是聪明的孩子!
Zhēn shì cōngmíng de háizi!

참 똑똑한 아이로구나!

---

902 当然
[dāngrán 땅란]
당연하다, 물론이다

那是当然啊。
Nà shì dāngrán a.

그야 당연하지요.

---

903 短
[duǎn 두안]
짧다

冬季日短夜长。
Dōngjì rì duǎn yè cháng.

겨울철에는 낮이 짧고 밤이 길다.

---

904 饿
[è 어]
배고프다

肚子饿了。
Dùzi è le.

배가 고프다.

---

905 方便
[fāngbiàn 팡삐엔]
편리하다

你方便的时候。
Nǐ fāngbiàn de shíhou.

편리한 시간에 오세요.

---

906 附近
[fùjìn 푸진]
가까운, 인접한

附近几所小学
fùjìn jǐsuǒ xiǎoxué

인근의 몇 개 초등학교

907
干净
[gānjìng 깐징]
깨끗하다, 청결하다

把手洗干净。
Bǎshǒu xǐ gānjìng.

손을 깨끗이 씻다.

908
感兴趣
[gǎnxìngqù 간싱취]
관심이 있다, 흥미가 있다

我不太感兴趣。
Wǒ bù tài gǎnxīngqù.

저는 별로 관심 없어요.

909
坏
[huài 화이]
나쁘다

天气很坏。
Tiānqì hěn huài.

날씨가 몹시 나쁘다.

910
简单
[jiǎndān 지엔딴]
간단하다, 단순하다

故事情节简单。
Gùshìqíngjié jiǎndān.

이야기의 줄거리가 단순하다.

911
健康
[jiànkāng 지엔캉]
건강하다

你的父母是否健康?
Nǐ de fùmǔ shìfǒu jiànkāng?

부모님께서는 건강하신지요?

912
久
[jiǔ 지우]
오래다, 시간이 길다

很久没见了。
Hěnjiǔ méi jiànle.

오랫동안 보지 못했습니다(오랜만입니다).

913
□
□ **旧**
□ [jiù 지우]
헐다, 낡다, 오래 되다

书旧了, 就发黄了。
Shū jiù le, jiù fā huáng le.

책이 오래되어 누렇게 되었다.

914
□
□ **渴**
□ [kě 커]
목이 타다, 목마르다

又渴又饿。
Yòu kě yòu è.

목도 타고 배도 고프다.

915
□
□ **可爱**
□ [kě'ài 커아이]
사랑스럽다, 귀엽다

小女孩儿可爱极了。
Xiǎo nǚháir kě'ài jíle.

여자 아이가 정말 귀엽다.

916
□
□ **蓝**
□ [lán 란]
남색의, 남빛의

蓝色是什么蓝?
Lánsè shì shénme lán?

블루가 어떤 블루인가요?

917
□
□ **老**
□ [lǎo 라오]
늙다

她有些显老。
Tā yǒuxiē xiǎn lǎo.

그녀는 나이가 좀 들어 보여요.

918
□
□ **绿**
□ [lǜ 뤼]
푸르다

这叶子多绿呀!
Zhè yèzi duō lǜ yā!

이 잎은 참 푸르기도 하구나!

919
满意
[mǎnyì 마이]
만족하다, 만족스럽다

我对结果很满意。
Wǒ duì jiéguǒ hěn mǎnyì.

저는 그 결과에 대단히 만족합니다.

920
难
[nán 난]
어렵다, 힘들다

这回考试可难了。
Zhè huí kǎoshì kě nán le.

이번 시험은 참 어려웠다.

921
难过
[nánguò 난꾸어]
고통스럽다, 견디기 어렵다

请不要难过。
Qǐng búyào nánguò.

괴로워하지 마십시오.

922
年轻
[niánqīng 니엔칭]
젊다, 어리다

你比我年轻多了。
Nǐ bǐ wǒ niánqīng duō le.

넌 나보다 훨씬 젊다.

923
胖
[pàng 팡]
(몸이) 뚱뚱하다

这孩子长得很胖。
Zhè háizi cháng dé hěn pàng.

이 아이는 아주 포동포동하다.

924
奇怪
[qíguài 치꽈이]
기이하다, 이상하다

他这样说真奇怪。
Tā zhèyàng shuō zhēn qíguài.

그가 이렇게 말하는 것은 정말 이상하다.

925
清楚
[qīngchu 칭추]
분명하다, 알기 쉽다

情况已经很清楚了。
Qíngkuàng yǐjīng hěn qīngchu le.

상황은 이미 명백해졌다.

926
认真
[rènzhēn 런전]
진지하다, 착실하다

他态度认真。
Tā tàidù rènzhēn.

그는 태도가 진지하다.

927
热情
[rèqíng 러칭]
열정적이다, 친절하다

他的态度不热情。
Tā de tàidù bù rèqíng.

그의 태도가 친절하지 않다.

928
容易
[róngyì 롱이]
쉽다, 용이하다

这件事容易办。
Zhè jiàn shì róngyì bàn.

이 일은 하기 쉽다.

929
瘦
[shòu 서우]
마르다, 여위다

他最近瘦了。
Tā zuìjìn shòu le.

그는 최근에 여위었다.

930
双
[shuāng 수앙]
두 개의, 쌍의, 양쪽의

举双手赞成。
Jǔ shuāngshǒu zànchéng.

두손을 들어 찬성하다.

931
舒服
[shūfu 수푸]
(몸·마음이) 편안하다

这沙发坐着很**舒服**。
Zhè shāfā zuòzhe hěn shūfu.

이 소파는 참 편안하다.

932
特别
[tèbié 터비에]
특별하다, 별다르다

他写的字很**特别**。
Tā xiě de zì hěn tèbié.

그가 쓴 글자는 매우 특별하다.

933
疼
[téng 텅]
아프다

肚子**疼**得很。
Dùzǐténg de hěn.

배가 심하게 아프다.

934
甜
[tián 티엔]
달다, 달콤하다

这桃子真**甜**!
Zhè táozi zhēn tián!

이 복숭아는 참 달구나!

935
新鲜
[xīnxiān 신시엔]
신선하다, 싱싱하다

这牛肉很**新鲜**。
Zhè niúròu hěn xīnxiān.

이 쇠고기는 매우 신선하다.

936
一般
[yìbān 이빤]
보통이다, 일반적이다

质量**一般**。
Zhìliàng yìbān.

품질이 보통이다.

937
□
□
□
一样
[yíyàng 이양]
같다, 동일하다

他俩的个头一样高。
Tāliǎ de gètóu yíyàng gāo.

그 두 사람은 키가 똑같다.

938
□
□
□
有名
[yǒumíng 여우밍]
유명하다

他那么有名吗?
Tā nàme yǒumíng ma?

그가 그렇게 유명해?

939
□
□
□
元
[yuán 위엔]
시작의, 처음의, 첫째의

元旦是公休日。
Yuándàn shì gōngxiūrì.

1월 1일은 공휴일이다.

940
□
□
□
张
[zhāng 장]
팽팽하다, 긴장하다

一张一弛。
Yì zhāng yì chí.

당겼다 놓았다 하다.

941
□
□
□
只
[zhī 즈]
단수의, 단 하나의

他还是只身过日子。
Tā háishì zhīshēn guòrizi.

그는 아직도 독신으로 지낸다.

942
□
□
□
重要
[zhòngyào 종야오]
중요하다

健康最重要了。
Jiànkāng zuì zhòngyào le.

건강이 제일 중요한 거야.

943
主要
[zhǔyào 주야오]
주요한, 주된

担负主要责任。
Dānfù zhǔyào zérèn.

주요한 책임을 감당하다.

944
最后
[zuìhòu 쭈이허우]
최후의, 맨 마지막의

最后五分钟
zuìhòu wǔfēnzhōng

최후의 5분간

945
安全
[ānquán 안취엔]
안전하다

这一带很安全。
Zhè yī dài hěn ānquán.

이 일대는 안전하다.

946
笨
[bèn 뻔]
멍청하다, 미련하다

我很笨, 不是吗?
Wǒ hěn bèn, bù shì ma?

나 정말 멍청하지?

947
差不多
[chàbuduō 차부뚜어]
비슷하다

他俩个子差不多。
Tāliǎ gèzi chàbuduō.

그 둘은 키가 비슷하다.

948
诚实
[chéngshí 청스]
진실하다, 참되다

他诚实不诚实?
Tā chéngshí bù chéngshí?

그는 정직합니까?

949
低
[dī 띠]
낮다

今天气温低。
Jīntiān qìwēn dī.

오늘은 기온이 낮아요.

950
烦恼
[fánnǎo 판나오]
번뇌하다, 걱정하다

别再烦恼了!
Bié zài fánnǎo le!

더 이상 걱정하지 말아라!

951
丰富
[fēngfù 펑푸]
많다, 풍부하다

他经验很丰富。
Tā jīngyàn hěn fēngfù.

그는 경험이 풍부하다.

952
富
[fù 푸]
풍부하다, 넉넉하다

富于创造性。
Fùyú chuàngzàoxìng.

창조성이 풍부하다.

953
复杂
[fùzá 푸짜]
복잡하다

情况有点复杂。
Qíngkuàng yǒudiǎn fùzá.

상황이 좀 복잡하다.

954
敢
[gǎn 간]
용감하다

哇, 你太勇敢了。
Wā, nǐ tài yǒnggǎn le.

와, 너 정말 용감하다.

955
刚
[gāng 깡]
단단하다, 강하다

刚硬的材料
gāng yìng de cáiliào

단단한 재료

956
共同
[gòngtóng 꽁통]
공동의, 공통의

共同关心的问题
gòngtóng guānxīn de wèntí

공동 관심의 문제

957
合格
[hégé 허거]
규격에 맞다, 합격이다

产品合格。
Chǎnpǐn hégé.

제품이 규격에 맞다.

958
合适
[héshì 허스]
적당하다, 알맞다

大小正合适。
Dàxiǎo zhèng héshì.

크기가 꼭 맞는다.

959
厚
[hòu 허우]
두껍다, 두텁다

这本词典真厚。
Zhè běn cídiǎn zhēn hòu.

이 사전은 정말 두껍다.

960
活泼
[huópō 후어포]
활발하다

这孩子活泼有趣。
Zhè háizi huópō yǒuqù.

이 아이는 활발하고 사랑스럽다.

961
☐
☐ **假**
☐ [jiǎ 지아]
거짓의, 가짜의

那都是**假**的。
Nèi dōu shì jiǎ de.

그거 다 가짜다.

962
☐
☐ **骄傲**
☐ [jiāo'ào 쟈오'아오]
오만하다, 거만하다

你别那么**骄傲**。
Nǐ bié nàme jiāo'ào.

너 그렇게 거만하게 굴지 마라.

963
☐
☐ **积极**
☐ [jījí 지지]
적극적이다

需要**积极**的努力。
Xūyào jījí de nǔlì.

적극적인 노력이 필요하다.

964
☐
☐ **精彩**
☐ [jīngcǎi 징차이]
뛰어나다

太**精彩**了!
Tài jīngcǎi le!

멋있습니다!

965
☐
☐ **紧张**
☐ [jǐnzhāng 진장]
긴장해 있다

心里**紧张**不安。
Xīnlǐ jǐnzhāng bùān.

마음이 긴장되고 불안하다.

966
☐
☐ **及时**
☐ [jíshí 지스]
시기적절하다

及时的应急措施
jíshí de yìngjícuòshī

시기적절한 응급조치

967

开心
[kāixīn 카이신]
기쁘다, 즐겁다

今天很开心。
Jīntiān hěn kāixīn.

오늘 아주 즐거웠어요.

968

可怜
[kělián 커리엔]
가련하다, 불쌍하다

天啊, 太可怜了。
Tiān a, tài kělián le.

세상에, 아이 가엾어라.

969

可惜
[kěxī 커시]
섭섭하다, 아쉽다

那也是太可惜了。
Nèi yě shì tài kěxī le.

그래도 너무 아쉬워요.

970

空
[kōng 콩]
(속이) 비다

这个座位空着吗?
Zhège zuòwèi kōng zhe ma?

여기 빈자리인가요?

971

苦
[kǔ 쿠]
쓰다

这药苦极了。
Zhè yào kǔ jíle.

이 약은 매우 쓰다.

972

辣
[là 라]
맵다, 아리다

川菜几乎都辣。
Chuāncài jīhū dōu là.

사천요리는 대부분이 맵다.

973
懒
[lǎn 란]
게으르다, 나태하다

这个人真懒。
Zhège rén zhēn lǎn.

이 사람은 정말 게으르다.

974
浪漫
[làngmàn 랑만]
낭만적이다

我喜欢看浪漫的电影。
Wǒ xǐhuan kàn làngmàn de diànyǐng.

저는 로맨틱한 영화를 좋아합니다.

975
冷静
[lěngjìng 렁징]
냉정하다

冷静一下, 听我说。
Lěngjìng yíxià, tīng wǒ shuō.

잠깐만 진정하고 내 말을 들어 봐.

976
凉快
[liángkuài 리앙콰이]
시원하다

洗了个澡, 凉快多了。
Xǐlegèzǎo, liángkuài duō le.

샤워를 했더니 한결 시원하구나.

977
厉害
[lìhài 리하이]
무섭다, 사납다

老虎很厉害。
Lǎohǔ hěn lìhài.

호랑이가 매우 사납다.

978
礼貌
[lǐmào 리마오]
예의바르다

这样说, 很不礼貌。
Zhèyàng shuō, hěn bù lǐmào.

이렇게 말하면 아주 실례다.

979
流利
[liúlì 리우리]
막힘이 없다, 거침없다

说一口流利的汉语。
Shuō yìkǒu liúlì de hànyǔ.

중국어를 유창하게 하다.

980
乱
[luàn 루안]
어지럽다, 무질서하다

我的心太乱。
Wǒ de xīn tài luàn.

내 마음은 극히 어지럽다.

981
麻烦
[máfan 마판]
귀찮다, 성가시다

这件事很麻烦。
Zhè jiàn shì hěn máfan.

이 일은 무척 번거롭다.

982
满
[mǎn 만]
가득하다

会场里人都满了。
Huìchǎng lǐ rén dōu mǎn le.

회의장에 사람이 꽉 찼다.

983
美丽
[měilì 메이리]
아름답다, 예쁘다

她非常美丽。
Tā fēicháng měilì.

그녀는 아주 예쁘다.

984
耐心
[nàixīn 나이신]
참을성이 있다

耐心地等候。
Nàixīn de děnghòu.

참을성 있게 기다리다.

985 难受
[nánshòu 난서우]
불편하다, 괴롭다

他这一走, 我非常**难受**。
Tā zhè yì zǒu, wǒ fēicháng nánshòu.

그가 이렇게 떠나니 난 몹시 괴롭다.

---

986 暖和
[nuǎnhuó 누안후어]
따뜻하다, 따사롭다

天气渐渐**暖和**起来了。
Tiānqì jiànjiàn nuǎnhuóqǐláile.

날씨가 점점 따뜻해진다.

---

987 普遍
[pǔbiàn 푸삐엔]
보편적이다, 일반적이다

这种现象很**普遍**。
Zhèzhǒng xiànxiàng hěn pǔbiàn.

이런 현상은 매우 보편적이다.

---

988 轻
[qīng 칭]
가볍다

这箱子分量不**轻**。
Zhè xiāngzi fènliàng bùqīng.

이 상자는 무게가 가볍지 않다.

---

989 轻松
[qīngsōng 칭쏭]
수월하다, 가볍다

我的工作**轻松**。
Wǒ de gōngzuò qīngsōng.

내가 하는 일은 수월하다.

---

990 穷
[qióng 치옹]
빈곤하다, 궁하다

怎么那么**穷**?
Zěnme nàme qióng?

왜 저리도 못살까?

991
확实
[quèshí 취에스]
확실하다

这些是确实的。
Zhèxiē shì quèshí de.

이것들은 확실한 것이다.

992
深
[shēn 선]
깊다

这条河很深。
Zhè tiáo hé hěn shēn.

이 강은 깊다.

993
实在
[shízai 스짜이]
착실하다, 성실하다

干活很实在。
Gànhuó hěn shízai.

일을 매우 착실하게 하다.

994
帅
[shuài 수아이]
잘생기다, 멋지다

小伙子长得很帅。
Xiǎohuǒzi zhǎng de hěn shuài.

젊은이가 참 잘생겼다.

995
顺利
[shùnlì 순리]
순조롭다

工程进展顺利。
Gōngchéng jìnzhǎn shùnlì.

공사 진척이 순조롭다.

996
熟悉
[shúxī 수시]
잘 알다, 익숙하다

我熟悉这个人。
Wǒ shúxī zhège rén.

난 이 사람을 잘 안다.

997
酸
[suān 쑤안]
시큼하다, 시다

这李子太酸了。
Zhè lǐzǐ tài suān le.

이 자두는 너무 시다.

998
所有
[suǒyǒu 쑤어여우]
모든, 전부의

这是我所有财产。
Zhè shì wǒ suǒyǒu cáichǎn.

이것은 내 전 재산이다.

999
挺
[tǐng 팅]
꼿꼿하다, 곧다

直挺挺的坐姿
zhítǐngtǐng de zuòzī

꼿꼿한 앉은 자세

1000
危险
[wēixiǎn 웨이시엔]
위험하다

危险, 别靠近!
Wēixiǎn, bié kàojìn!

위험해, 가까이 가지 마!

1001
无聊
[wúliáo 우랴오]
따분하다, 지루하다

都快无聊死了。
Dōu kuài wúliáo sǐ le.

심심해 죽겠네요.

1002
咸
[xián 시엔]
짜다, 소금기가 있다

这个太咸了!
Zhège tài xián le!

너무 짜요.

1003 香
[xiāng 시앙]
향기롭다

这花儿真香。
Zhè huār zhēn xiāng.

이 꽃은 정말 향기롭다.

1004 相同
[xiāngtóng 시앙통]
서로 같다, 똑같다

这个和那个相同。
Zhège hé nàge xiāngtóng.

이것은 저것과 같다.

1005 详细
[xiángxì 시앙시]
상세하다, 자세하다

这个介绍非常详细。
Zhège jièshào fēicháng xiángxì.

이 설명은 매우 상세하다.

1006 兴奋
[xīngfèn 싱펀]
격분하다, 흥분하다

但是不值得兴奋。
Dànshì bù zhíde xīngfèn.

그렇다고 흥분할 일은 아니다.

1007 幸福
[xìngfú 싱푸]
행복하다

我现在就很幸福。
Wǒ xiànzài jiù hěn xìngfú.

저는 지금 매우 행복해요.

1008 辛苦
[xīnkǔ 신쿠]
고생스럽다, 고되다

大伙一路上辛苦了。
Dàhuǒ yī lùshàng xīnkǔ le.

모두 오시는 길에 수고 많았습니다.

1009 许多
[xǔduō 쉬뚜어]
매우 많다, 허다하다

读书有**许多**好处。
Dúshū yǒu xǔduō hǎochù.

독서는 좋은 점이 많다.

1010 严格
[yángé 이엔거]
엄격하다, 엄하다

他对学生很**严格**。
Tā duì xuéshēng hěn yángé.

그는 학생에게 매우 엄격하다.

1011 严重
[yánzhòng 이엔종]
위급하다, 심각하다

问题相当**严重**。
Wèntí xiāngdāng yánzhòng.

문제가 매우 심각하다.

1012 勇敢
[yǒnggǎn 용간]
용감하다

那个孩子真**勇敢**。
Nàge háizi zhēn yǒnggǎn.

그 아이는 참 용감하다.

1013 友好
[yǒuhǎo 여우하오]
우호적이다

她的态度不**友好**。
Tā de tàidù bù yǒuhǎo.

그녀의 태도는 우호적이지 않다.

1014 幽默
[yōumò 여우모]
유머러스하다

这人真**幽默**。
Zhè rén zhēn yōumò.

이 사람은 참으로 유머러스하다.

1015
☐
☐ **有趣**
☐ [yǒuqù 여우취]
재미있다, 흥미가 있다

有趣是**有趣**, 但是很难。
Yǒuqù shì yǒuqù, dànshì hěn nán.

재미있기는 있지만, 어려워요.

1016
☐
☐ **愉快**
☐ [yúkuài 위콰이]
기쁘다, 유쾌하다

今天的聚会很**愉快**。
Jīntiān de jùhuì hěn yúkuài.

오늘 모임은 유쾌했다.

1017
☐
☐ **脏**
☐ [zāng 짱]
더럽다, 불결하다

他的衣服**脏**了。
Tā de yīfú zāng le.

그의 옷은 더러워졌다.

1018
☐
☐ **正常**
☐ [zhèngcháng 정창]
정상(적)이다

现在**正常**了。
Xiànzài zhèngcháng le.

지금은 정상입니다.

1019
☐
☐ **正好**
☐ [zhènghǎo 정하오]
딱 맞다, 꼭 맞다

裤子的长短**正好**。
Kùzi de chángduǎn zhènghǎo.

바지의 길이가 꼭 맞다.

1020
☐
☐ **正确**
☐ [zhèngquè 정취에]
정확하다, 올바르다

这个题的答案**正确**。
Zhège tí de dá'àn zhèngquè.

이 문제의 답안은 정확하다.

1021
☐ **正式**
☐ [zhèngshì 정스]
☐
정식의, 공식의

受到正式欢迎。
Shòudào zhèngshì huānyíng.

공식 환영을 받다.

1022
☐ **真正**
☐ [zhēnzhèng 전정]
☐
진정한, 참된, 순수한

真正的爱是什么?
Zhēnzhèng de ài shì shénme?

진정한 사랑이란 무엇일까?

1023
☐ **直接**
☐ [zhíjiē 즈지에]
☐
직접적인

话说得很直接。
Huà shuō de hěn zhíjiē.

매우 직접적으로 말하다.

1024
☐ **重**
☐ [zhòng 종]
☐
무겁다, 비중이 크다

这一箱书很重。
Zhè yīxiāng shū hěn zhòng.

이 책 상자는 아주 무겁다.

1025
☐ **专门**
☐ [zhuānmén 주안먼]
☐
전문적이다

他具有专门知识。
Tā jùyǒu zhuānmén zhīshi.

그는 전문 지식을 갖고 있다.

1026
☐ **著名**
☐ [zhùmíng 주밍]
☐
저명하다

著名人士
zhùmíng rénshì

저명한 인사

1027
准确
[zhǔnquè 준취에]
확실하다, 틀림없다

准确的信息
zhǔnquè de xìnxī

확실한 정보

1028
仔细
[zǐxì 쯔시]
세심하다, 꼼꼼하다

事后再仔细说。
Shìhòu zài zǐxì shuō.

추후에 자세한 이야기를 하겠다.

1029
最好
[zuìhǎo 쭈이하오]
가장 좋다

这是我们最好的选择。
Zhè shì wǒmen zuìhǎo de xuǎnzé.

이것은 우리들의 가장 좋은 선택이다.

1030
暗
[àn 안]
어둡다

卧室里的光线很暗。
Wòshì lǐ de guāngxiàn hěn àn.

침실 안의 빛이 매우 어둡다.

1031
薄
[báo 바오]
엷다, 얇다

纸薄但不浸墨。
Zhǐ báo dàn bú jìn mò.

종이가 얇긴 하지만 먹이 번지지 않는다.

1032
便
[biàn 삐엔]
편리하다, 편하다

得便来一下。
Dé biàn lái yīxià.

편할 때 오세요.

PART 04

부사   개사
양사   접속사
대명사   기타
감탄사   접두(미)사
조사

1033

☐
☐
☐

不

[bù 뿌]

부정을 나타냄

不去, 就不去。

Búqù, jiù búqù.

안 가, 절대 안 가.

1034

☐
☐
☐

都

[dōu 떠우]

모두, 다, 전부

他们都来齐了。

Tāmen dōu lái qí le.

그들이 다 왔다.

1035

☐
☐
☐

多

[duō 뚜어]

의문문에 쓰여 정도를 나타냄

这孩子多大了?

Zhè háizi duō dà le?

아이는 몇 살이나 됐습니까?

1036

☐
☐
☐

多少

[duōshǎo 뚜어사오]

얼마간, 약간, 다소

你带了多少钱?

Nǐ dài le duōshǎo qián?

너 돈 얼마 가지고 있니?

1037

☐
☐
☐

很

[hěn 헌]

매우, 대단히, 아주

天气很冷吧?

Tiānqì hěn lěng bā?

날씨가 몹시 춥지요?

1038

☐
☐
☐

非常

[fēicháng 페이창]

대단히, 매우, 아주

非常非常可爱吧。

Fēicháng fēicháng kěài ba.

너무너무 사랑스럽죠.

1039
□
□ **还**
□ [hái 하이]
여전히, 아직도

他还在家吧?
Tā hái zài jiā bā?

그는 아직도 집에 있겠지요?

1040
□
□ **就**
□ [jiù 지우]
곧, 즉시, 바로

你先走一步, 我就来。
Nǐ xiān zǒu yíbù, wǒ jiù lái.

네가 먼저 가, 내가 곧 따라 갈게.

1041
□
□ **为什么**
□ [wèishénme 웨이선머]
왜, 무엇 때문에, 어째서

你为什么来这么晚?
Nǐ wèishénme lái zhème wǎn?

너 왜 이렇게 늦게 왔어?

1042
□
□ **新**
□ [xīn 신]
방금, 새로이, 갓

我是新来的。
Wǒ shì xīn lái de.

나는 새로 온 사람이다.

1043
□
□ **也**
□ [yě 예]
~도

明天我也要去开会。
Míngtiān wǒ yě yào qù kāihuì.

내일 나도 회의에 참가하여야 한다.

1044
□
□ **已经**
□ [yǐjīng 이징]
이미, 벌써

火车已经开了。
Huǒchē yǐjīng kāile.

기차는 이미 떠났다.

1045
☐☐☐ **一起**
[yìqǐ 이치]

같이, 함께

他们俩一起共事了三年。
Tāmenliǎ yìqǐ gòngshìle sānnián.

그 두 사람은 3년 동안 함께 일했다.

1046
☐☐☐ **一下**
[yíxià 이시아]

단시간에, 갑자기

一下雨更大了。
Yīxià érzi yǔ gèng dà le.

비는 갑자기 더 심하게 퍼부었다.

1047
☐☐☐ **再**
[zài 짜이]

재차, 또

学习, 学习, 再学习。
Xuéxí, xuéxí, zài xuéxí.

공부하고 공부하고 또 공부하다.

1048
☐☐☐ **真**
[zhēn 젼]

확실히, 참으로

那儿的风景真美。
Nàr de fēngjǐng zhēn měi.

그곳의 풍경은 참으로 아름답다.

1049
☐☐☐ **正在**
[zhèngzài 정짜이]

지금(한창) ~하고 있다

大楼正在建造。
Dàlóu zhèngzài jiànzào.

빌딩은 한창 짓고 있다.

1050
☐☐☐ **最**
[zuì 쭈이]

가장, 아주, 매우

他在班里成绩最好。
Tā zài bān lǐ chéngjì zuìhǎo.

그는 반에서 성적이 제일 좋다.

1051
必须
[bìxū 삐쒸]
반드시 ~해야 한다

明天你必须来。
Míngtiān nǐ bìxū lái.

너 내일 꼭 와야 한다.

1052
多么
[duōme 뚜어머]
얼마나

多么幸福啊?
Duōme xìngfú a?

얼마나 행복한가?

1053
更
[gèng 껑]
더욱, 더, 훨씬

他比以前更健康了。
Tā bǐ yǐqián gèng jiànkāng le.

그는 이전보다 더 건강해졌다.

1054
还是
[háishì 하이스]
여전히, 아직도

他还是那么年轻。
Tā háishì nàme niánqīng.

그는 아직도 그렇게 젊다.

1055
或者
[huòzhě 후어저]
아마, 어쩌면, 혹시

或者他已经走了。
Huòzhě tā yǐjīng zǒu le.

어쩌면 그는 이미 갔을지도 모른다.

1056
几乎
[jīhū 지후]
거의, 거의 모두

声音太小, 几乎听不见。
Shēngyīn tài xiǎo, jīhū tīngbújiàn.

소리가 너무 작아, 거의 들리지 않는다.

1057 马上
[mǎshàng 마상]
곧, 즉시, 바로

会议马上就要结束了。
Huìyì mǎshàng jiùyào jiéshùle.

회의는 곧 끝난다.

1058 其实
[qíshí 치스]
기실, 사실

其实你不知道。
Qíshí nǐ bù zhīdào.

사실 넌 몰라.

1059 一定
[yídìng 이띵]
반드시, 필히, 꼭

我一定要成功。
Wǒ yídìng yào chénggōng.

나는 반드시 성공하겠다.

1060 一共
[yígòng 이꽁]
모두, 전부, 합계

一共有几个人?
Yígòng yǒu jǐgè rén?

전부 몇 명 있습니까?

1061 一直
[yìzhí 이즈]
계속, 줄곧

上午我们一直在干活儿。
Shàngwǔ wǒmen yìzhí zài gànhuór.

오전에 우리들은 줄곧 일하고 있었다.

1062 又
[yòu 여우]
또, 다시, 거듭

今天又下了一天的雨。
Jīntiān yòu xià le yìtiān de yǔ.

오늘 또 하루 종일 비가 내렸다.

1063 只
[zhǐ 즈]
단지, 다만, 오직

我只去了一次。
Wǒ zhǐ qùle yícì.

나는 단지 한 번만 갔었다.

1064 终于
[zhōngyú 종위]
마침내, 결국, 끝내

此次训练终于结束。
Cǐcì xùnliàn zhōngyú jiéshù.

이번 훈련은 마침내 끝났다.

1065 主要
[zhǔyào 주야오]
주로, 대부분

这件事主要由你来做。
Zhè jiàn shì zhǔyào yóu nǐ lái zuò.

이 일은 주로 당신이 해야 한다.

1066 总是
[zǒngshì 쫑스]
늘, 줄곧, 언제나

他总是那样谦虚。
Tā zǒngshì nàyàng qiānxū.

그는 언제나 그렇게 겸허하다.

1067 按时
[ànshí 안스]
제때에, 시간에 맞추어

他按时到达的吗?
Tā ànshí dàodá de ma?

그가 제시간에 도착하겠습니까?

1068 不得不
[bùdébù 뿌더뿌]
어쩔 수 없이, 부득불

他不得不徒步前进。
Tā bùdébù túbù qiánjìn.

그는 어쩔 수 없이 걸어갔다.

1069
重新
[chóngxīn 총신]
다시, 재차

得重新来过了。
Dé chóngxīn lái guò le.

다시 시작해야죠.

1070
从来
[cónglái 총라이]
지금까지, 여태껏

他从来不说假话。
Tā cónglái bù shuō jiǎhuà.

그는 여태껏 거짓말을 한 적이 없다.

1071
大概
[dàgài 따까이]
아마도, 대개

他大概不会来了。
Tā dàgài búhuì lái le.

그는 아마도 오지 않을 것이다.

1072
大约
[dàyuē 따위에]
아마, 다분히

他大约是出门了。
Tā dàyuē shì chūménle.

그는 아마 외출한 것 같다.

1073
故意
[gùyì 꾸이]
고의로, 일부러

我也不是故意的。
Wǒ yě bú shì gùyì de.

제가 일부러 그런 것도 아니잖아요.

1074
互相
[hùxiāng 후시앙]
서로, 상호

互相理解, 互相相信。
Hùxiāng lǐjiě, hùxiāng xiāngxìn.

서로 이해하고 서로 믿다.

1075
交
[jiāo 쟈오]
서로, 상호

促膝交谈。
Cùxī jiāotán.

얼굴을 맞대고 이야기하다.

1076
接着
[jiēzhe 지에저]
이어서, 잇따라

你看完了我接着看。
Nǐ kànwánle wǒ jiēzhe kàn.

네가 다 보고 나면 내가 이어서 볼게.

1077
竟然
[jìngrán 징란]
뜻밖에도, 의외로

竟然会在这儿碰到你!
Jìngrán huì zài zhèr pèngdào nǐ!

뜻밖에 여기에서 너를 만나다니!

1078
究竟
[jiūjìng 지우징]
도대체, 대관절

究竟是怎么回事?
Jiūjìng shì zěnme huí shì?

도대체 어찌된 일인가?

1079
恐怕
[kǒngpà 콩파]
아마 ~일 것이다(부정적인 추측)

恐怕他不会同意。
Kǒngpà tā bù huì tóngyì.

아마 그는 동의하지 않을 것이다.

1080
难道
[nándào 난따오]
설마 ~란 말인가?, 설마 ~하겠는가?

难道这一切都是真的?
Nándào zhè yīqiè dōu shì zhēn de?

설마 이 모든 것이 진짜란 말인가?

1081
偶尔
[ǒu'ěr 오우얼]
때때로, 이따금

他偶尔去朋友家里坐坐。
Tā ǒu'ěr qù péngyǒu jiālǐ zuòzuò.

그는 이따금 친구 집에 놀러가곤 한다.

1082
千万
[qiānwàn 치엔완]
부디, 제발, 아무쪼록

请您千万不要说。
Qǐng nín qiānwàn bùyào shuō.

제발 말하지 말아 주십시오.

1083
仍然
[réngrán 렁란]
변함없이, 여전히

他仍然住在那座小城。
Tā réngrán zhùzài nà zuò xiǎochéng.

그는 여전히 그 마을에서 살고 있다.

1084
稍微
[shāowēi 사오웨이]
조금, 약간

今天稍微有点儿冷。
Jīntiān shāowēi yǒu diǎnr lěng.

오늘은 좀 춥다.

1085
甚至
[shènzhì 선즈]
심지어, ~까지도, ~조차도

甚至说他疯了。
Shènzhì shuō tā fēng le.

심지어 그를 미쳤다고 했다.

1086
十分
[shífēn 스펀]
매우, 아주, 충분히

天气十分热。
Tiānqì shífēn rè.

날씨가 대단히 덥다.

1087
☐
☐ **是否**
☐ [shìfǒu 스퍼우]
~인지 아닌지

应该由你决定是否去。
Yīnggāi yóu nǐ juédìng shìfǒu qù.

갈 것인지 안 갈 것인지를 네가 결정해야 한다.

1088
☐
☐ **首先**
☐ [shǒuxiān 서우시엔]
가장 먼저, 우선

首先到达终点。
Shǒuxiān dàodá zhōngdiǎn.

맨 먼저 종점에 도착하다.

1089
☐
☐ **顺便**
☐ [shùnbiàn 순삐엔]
~하는 김에, 겸사겸사

路过时顺便来的。
Lùguò shí shùnbiàn lái de.

지나는 김에 들렀다.

1090
☐
☐ **随便**
☐ [suíbiàn 쑤이삐엔]
마음대로, 제멋대로

随便发表意见。
Suíbiàn fābiǎo yìjiàn.

자유로이 의견을 발표하다.

1091
☐
☐ **挺**
☐ [tǐng 팅]
꽤, 제법, 매우, 상당히, 아주

今年冬天挺冷。
Jīnnián dōngtiān tǐng lěng.

올해 겨울은 꽤 춥다.

1092
☐
☐ **同时**
☐ [tóngshí 통스]
동시에

两项任务同时完成了。
Liǎngxiàng rènwù tóngshí wánchéngle.

두 가지 임무를 동시에 완수했다.

1093 往往
☐ ☐ ☐
[wǎngwǎng 왕왕]

왕왕, 자주, 흔히

他闲暇时往往来找我。

Tā xiánxiá shí wǎngwǎng lái zhǎo wǒ.

그는 한가할 때면 왕왕 나를 찾아왔다.

1094 完全
☐ ☐ ☐
[wánquán 완취엔]

완전히, 전적으로

两人性格完全不同。

Liǎng rén xìnggé wánquán bùtóng.

두 사람은 성격이 완전히 다르다.

1095 咸
☐ ☐ ☐
[xián 시엔]

전부, 모두, 다

咸受其益。

Xián shòu qí yì.

모두 그 이익을 얻다.

1096 也许
☐ ☐ ☐
[yěxǔ 예쉬]

어쩌면, 아마도

也许要下雨吧。

Yěxǔ yào xiàyǔ ba.

어쩌면 비가 내릴지도 모른다.

1097 永远
☐ ☐ ☐
[yǒngyuǎn 용위엔]

영원히, 길이길이

永远不会忘记。

Yǒngyuǎn bù huì wàngjì.

영원히 잊지 못할 것이다.

1098 尤其
☐ ☐ ☐
[yóuqí 여우치]

더욱이, 특히

这个问题尤其重要。

Zhège wèntí yóuqí zhòngyào.

이 문제는 특히 중요하다.

1099 原来
[yuánlái 위엔라이]

이전에, 본래

他还住在原来的地方。
Tā hái zhù zài yuánlái de dìfāng.

그는 아직 원래 있던 그곳에서 산다.

1100 只好
[zhǐhǎo 즈하오]

부득이, 어쩔 수 없이

他们只好把会议延期了。
Tāmen zhǐhǎo bǎ huìyì yánqī le.

그들은 회의를 연기할 수밖에 없었다.

1101 至少
[zhìshǎo 즈사오]

적어도, 최소한

至少要听一听大家的意见。
Zhìshǎo yào tīngyìtīng dàjiā de yìjiàn.

적어도 다른 사람들의 의견을 들어봐야 한다.

1102 准时
[zhǔnshí 준스]

정시에, 제때에

他天天准时上班。
Tā tiāntiān zhǔnshí shàngbān.

그는 매일 정시에 출근한다.

1103 必然
[bìrán 삐란]

분명히, 반드시, 꼭

他必然这样做。
Tā bìrán zhèyàng zuò.

그는 분명 이렇게 할 것이다.

1104 不断
[búduàn 부뚜안]

계속해서, 부단히, 끊임없이

不断发展。
Búduàn fāzhǎn.

끊임없이 발전하다.

 양사

1105

□
□
□

个

[gè 꺼]

개, 사람, 명

三个苹果 / 两个人

sāngè píngguǒ / liǎnggè rén

사과 세 개 / 두 사람

1106

□
□

年

[nián 니엔]

년, 해

他在福州住了两年。

Tā zài fúzhōu zhù le liǎngnián.

그는 푸저우에서 2년을 살았다.

1107

□
□

些

[xiē 시에]

조금, 약간(적은 수량)

在枕头上洒些香水。

Zài zhěntóu shàng sǎ xiē xiāngshuǐ.

베개 위에 향수를 조금 뿌렸다.

1108

□
□

一点儿

[yìdiǎnr 이디알]

조금(불확정적인 수량)

手头还有一点儿钱。

Shǒutóu háiyǒu yìdiǎnr qián.

수중에 아직 돈이 좀 있다.

1109

□
□

段

[duàn 뚜안]

단락, 토막(사물의 한 부분)

绳子剪成三段。

Shéngzi jiǎn chéng sānduàn.

밧줄을 세 토막으로 잘랐다.

1110
☐☐☐ **辆**
[liàng 리앙]
대, 량(차량을 세는 단위)

我有一辆自行车。
Wǒ yǒu yīliàng zì xíngchē.

나는 자전거가 한 대 있다.

1111
☐☐☐ **抱**
[bào 빠오]
아름

一抱干草
Yíbào gāncǎo

한 아름의 건초

1112
☐☐☐ **倍**
[bèi 뻬이]
배, 배수, 곱절, 갑절

他的大约有你的三倍多。
Tā de dàyuē yǒu nǐ de sānbèi duō.

그 사람 것은 대략 네 것의 세 배 이상이다.

1113
☐☐☐ **遍**
[biàn 삐엔]
번, 차례, 회

说了一遍又一遍。
Shuōle yíbiàn yòu yíbiàn.

한 번 또 한 번 말했다.

1114
☐☐☐ **场**
[chǎng 창]
회(回), 번, 차례

演出了十二场。
Yǎnchū le shíèr chǎng.

12차례 공연을 하였다.

1115
☐☐☐ **刀**
[dāo 따오]
종이 100장

帮我捎几刀纸。
Bāng wǒ shāo jǐdāo zhǐ.

종이 몇 첩을 좀 가져다주세요.

| 1116 份 [fèn 펀] 조각, 벌, 세트 | 一份礼物 yífèn lǐwù 선물 한 세트 |

| 1117 挂 [guà 꾸아] 줄, 꿰미, 덩이 | 一挂葡萄 yīguà pútáo 포도 한 송이 |

| 1118 节 [jié 지에] 여러 개로 나누어진 것, 마디 | 两节甘蔗 liǎngjié gānzhè 사탕수수 두 마디 |

| 1119 棵 [kē 커] 그루, 포기 | 门旁有一棵大树。 Mén páng yǒu yīkē dàshù. 문 옆에 큰 나무가 한 그루 있다. |

| 1120 毛 [máo 마오] 마오(중국의 화폐 단위) | 报价五毛。 Bàojià wǔmáo. 신문값은 5마오이다. |

| 1121 秒 [miǎo 먀오] 초(시간 단위) | 一分是几秒? Yīfēn shì jǐmiǎo? 일분은 몇 초예요? |

1122 篇	
☐ ☐ ☐ [piān 피엔] 편, 장	自做一**篇**文字。 Zì zuò yīpiān wénzì. 스스로 글을 한 편 짓다.

1123 台	
☐ ☐ ☐ [tái 타이] (기계 등을 세는) 대	只这一**台**拖了期。 Zhǐ zhè yītái tuō le qī. 이 한 대만이 기일이 늦어지고 있다.

1124 抬	
☐ ☐ ☐ [tái 타이] 짐(두 사람이 맞드는 것)	三**抬**行李 sāntái xínglǐ 짐 세 짐

1125 趟	
☐ ☐ ☐ [tàng 탕] 차례, 번(왕래한 횟수)	他刚去了一**趟**北京。 Tā gāng qùle yítàng Běijīng. 그는 막 북경에 한 차례 다녀왔다.

1126 停	
☐ ☐ ☐ [tíng 팅] 몫, 할, 분	三**停**路走完了两停。 Sāntíng lù zǒu wánle liǎngtíng. 3분의 2의 노정을 걸었다.

1127 挺	
☐ ☐ ☐ [tǐng 팅] 자루, 정(총을 셀 때)	一**挺**机关枪 yītǐng jīguānqiāng 기관총 한 정

1128
页
[yè 예]
쪽, 페이지

每天晚上都看几页书。
Měitiān wǎnshang dōu kàn jǐyè shū.

매일 저녁 책을 몇 페이지씩 읽는다.

1129
指
[zhǐ 즈]
손가락 굵기

这双鞋大了一指。
Zhè shuāng xié dà le yīzhǐ.

이 구두는 손가락 하나 굵기만큼 크다.

1130
转
[zhuàn 주안]
바퀴

每天把公园转两转。
Měitiān bǎ gōngyuán zhuàn liǎngzhuǎn.

매일 공원을 두 바퀴씩 돈다.

1131
座
[zuò 쭈어]
동, 채(고정된 물체를 세는 단위)

两座办公大楼
liǎngzuò bàngōngdàlóu

사무빌딩 두 동

1132
滴
[dī 띠]
방울

一滴油
yìdī yóu

기름 한 방울

1133
朵
[duǒ 두어]
송이, 조각, 점

一朵莲花
yìduǒ liánhuā

연꽃 한 송이

▶ • • • 대명사

1134
☐
☐ **哪**
☐ [nǎ 나]
무엇, 어느 것

真分不清哪好哪坏?
Zhēn fēnbùqīng nǎ hǎo nǎ huài?

무엇이 좋고 나쁜지 정말 구분하지 못하겠니?

1135
☐
☐ **那**
☐ [nà 나]
그, 저

那女孩真漂亮!
Nà nǚhái zhēn piàoliang!

저 여자 애는 정말 예쁘다!

1136
☐
☐ **哪儿**
☐ [nǎr 날]
어디, 어느 곳

他在哪儿住?
Tā zài nǎr zhù?

그는 어디 사느냐?

1137
☐
☐ **你**
☐ [nǐ 니]
너, 자네, 당신

你近来好吗?
Nǐ jìnlái hǎo ma?

너 요즘 잘 지내니?

1138
☐
☐ **谁**
☐ [shéi 쒜이]
누구

这是谁的包?
Zhè shì shuí de bāo?

이것은 누구의 가방이니?

1139
什么
[shénme 선머]
무엇. 의문을 나타냄

你叫什么名字?
Nǐ jiào shénme míngzi?

넌 이름이 뭐냐?

1140
他
[tā 타]
그, 그 사람, 그이

他是我的好朋友。
Tā shì wǒ de hǎo péngyǒu.

그는 나의 친한 친구이다.

1141
她
[tā 타]
그녀, 그 여자

她是我的姑妈。
Tā shì wǒ de gūmā.

그녀는 나의 고모다.

1142
我
[wǒ 워]
나, 저

我以前见过你。
Wǒ yǐqián jiàn guò nǐ.

나는 예전에 당신을 만난 적이 있다.

1143
我们
[wǒmen 워먼]
우리(들)

我们是同学。
Wǒmen shì tóngxué.

우리는 동창입니다.

1144
怎么
[zěnme 쩐머]
어떻게, 어째서, 왜

他怎么到现在还没到呢?
Tā zěnme dào xiànzài hái méi dào ne?

그는 왜 지금까지 오지 않지?

1145
这
[zhè 저]
이것

他问**这**问那, 问个没完。
Tā wèn zhè wèn nà, wèn gè méiwán.

그는 이것저것 끊임없이 묻는다.

1146
大家
[dàjiā 따지아]
모두, 여러분

大家少待片刻。
Dàjiā shǎodài piànkè.

여러분 잠깐만 기다리세요.

1147
每
[měi 메이]
매, 각, ~마다

我和妈妈**每**月见面。
Wǒ hé māmā měiyuè jiàn miàn.

나는 엄마와 매달 만난다.

1148
您
[nín 닌]
당신, 선생님, 귀하

您好, **您**要寄什么?
Nínhǎo, nín yào jì shénme?

안녕하세요, 무엇을 부치겠습니까?

1149
它
[tā 타]
그, 저, 그것, 저것(사람 이외 것)

它的功能多着呢。
Tā de gōngnéng duō zhe ne.

그것은 기능이 아주 많다.

1150
别人
[biérén 비에런]
(일반적인) 남, 타인

除了我, **别人**都不知道。
Chúle wǒ, biérén dōu bùzhīdào.

나를 제외하고, 다른 사람은 모두 모른다.

1151
□
□
□
其他
[qítā 치타]
기타, 다른 사람(사물)

有**其他**的颜色吗?
Yǒu qítā de yánsè ma?

다른 색깔도 있어요?

1152
□
□
□
自己
[zìjǐ 쯔지]
자기, 자신, 스스로

这是我**自己**写的文章。
Zhè shì wǒ zìjǐ xiě de wénzhāng.

이것은 내 자신이 쓴 글이다.

1153
□
□
□
各
[gè 꺼]
각, 여러, 갖가지

世界**各**国
shìjiè gèguó

세계 여러 나라

1154
□
□
□
另外
[lìngwài 링와이]
다른, (그 밖의) 사람이나 사물

另外的你全部拿走。
Lìngwài de nǐ quánbù názǒu.

다른 것들은 네가 전부 가져가라.

1155
□
□
□
其次
[qícì 치츠]
다음, 그 다음, 버금

他之后, **其次**就是我。
Tā zhīhòu, qícì jiù shì wǒ.

그의 다음 차례는 나다.

1156
□
□
□
其中
[qízhōng 치종]
그 중에, 그 안에

其中有你吗?
Qízhōng yǒu nǐ ma?

그 안에 너도 있니?

1157
任何
[rènhé 런허]
어떠한, 무슨

任何事都可能发生。
Rènhé shì dōu kěnéng fāshēng.

무슨 일이든 발생할 수 있다.

1158
首先
[shǒuxiān 서우시엔]
첫째로, 먼저

首先, 请校长讲话。
Shǒuxiān, qǐng xiàozhǎng jiǎnghuà.

먼저 교장선생님의 말씀을 듣겠습니다.

1159
一切
[yíqiè 이치에]
일체, 전부, 모든

一切权力归人民。
Yíqiè quánlì guī rénmín.

모든 권력은 인민에 속한다.

1160
咱们
[zánmen 짠먼]
우리(들)

咱们再见吧。
Zánmen zàijiàn bā.

우리 다시 만납시다.

1161
彼此
[bǐcǐ 비츠]
피차, 서로, 쌍방, 양쪽

彼此了解。
Bǐcǐ liǎojiě.

서로 이해하다.

1162
各自
[gèzì 꺼쯔]
각자, 제각기

各自回家休息。
Gèzì huíjiā xiūxi.

각자 집에 돌아가 휴식하다.

213

▶ ··· 감탄사

1163
□
□ **喂**
□ [wéi 웨이]
(전화상에서) 여보세요

喂, 是谁呀?
Wéi, shì shuí yā?

여보세요, 누구십니까?

1164
□ **哎** [āi 아이]
□ (놀람·반가움 등을 나타내어)
□ 어! 야!

哎, 老同学来了!
Āi, lǎo tóngxué láile!

어, 동창생이 왔네!

1165
□ **唉**
□ [āi 아이]
□ (탄식하는 소리로) 후, 에그

唉! 可怜!
Āi! Kělián!

아! 가엾구나!

1166
□ **嗯**
□ [èng 엉]
□ 응, 그래

嗯, 就照老规矩吧!
Èng, jiù zhào lǎoguījū bā!

응, 관례대로 하자!

1167
□ **哈** [hā 하]
□
□ (마음대로 되거나 기쁠 때 놀라
움을 나타냄) 아하! 거봐!

哈, 我猜对了!
Hā, wǒ cāiduì le!

아하, 내가 알아맞혔다!

 **조사**

1168

☐
☐
☐
的 [de 더]

관형어와 중심어 사이가 종속
관계임을 나타냄

大的是她的, 小的是你的。
Dà de shì tā de, xiǎo de shì nǐ de.

큰 것은 그녀의 것이고, 작은 것이 네 것이다.

1169

☐
☐
☐
了 [le 러]

동작 또는 변화가 이미 완료되
었음을 나타냄

吃完了饭了。
Chī wán le fàn le.

밥을 다 먹었다.

1170

☐
☐
☐
吗 [ma 마]

문장 끝에 쓰여 의문의 어기를
나타냄

明天他来吗?
Míngtiān tā lái ma?

내일 그가 옵니까?

1171

☐
☐
☐
呢 [ne 너]

서술문 뒤에 쓰여 동작이나 상
황이 지속됨을 나타냄

我现在喝茶呢。
Wǒ xiànzài hēchá ne.

전 지금 차를 마시고 있는데요.

1172

☐
☐
☐
吧 [ba 바]

문장 끝에서 상의, 제의, 청유,
기대, 명령을 나타냄

你快讲讲那件事儿吧!
Nǐ kuài jiǎngjiǎng nà jiàn shìr ba!

너 빨리 그 일에 대해 얘기해 봐!

1173 得 [de 더]
동사 뒤에 쓰여 가능을 나타냄
(부정을 할 때는 不得)

她去得, 我为什么去不得?
Tā qù de, wǒ wèishénme qù bù de?

그녀가 갈 수 있다면, 내가 왜 갈 수 없겠나?

1174 过 [guo 구어]
동사 뒤에 쓰여 동작의 완료를 나타냄

吃过饭再去。
Chīguofàn zài qù.

밥 먹고 나서 또 갑시다.

1175 着 [zhe 저]
~하고 있다, ~하고 있는 중이다

我正听着呢。
Wǒ zhèng tīngzhe ne.

나는 지금 듣고 있다.

1176 啊 [a 아]
문장 끝에 쓰여 긍정을 나타냄

他的意见对啊。
Tā de yìjiàn duì a.

그의 의견이 맞아.

1177 地 [de 더]
단어나 구가 동사와 같은 중심어를 수식하고 있음을 나타냄

全体员工都在辛勤地工作。
Quántǐ yuángōng dōu zài xīnqín de gōngzuò.

전체 종업원들이 모두 열심히 일하고 있다.

1178 等 [děng 덩]
등, 따위

英, 法等西欧国家。
yīng, fǎ děng xīōuguójiā

영국, 프랑스 등 서유럽 국가

1179 呀 [ya 야]
啊(a)가 앞 음절의 영향을 받아
변화된 음을 표기하기 위한 글자

你们快来呀!
Nǐmen kuài lái ya!

너희들 빨리 와!

1180 之 [zhī 즈]
~의, ~한, ~은

赤子之心
chìzǐ zhī xīn

갓난아기의 마음(순결한 마음)

1181 盖 [gài 까이]
대략, 무릇

盖闻古人钻木取火。
Gài wén gǔrén zuànmùqǔhuǒ.

무릇 옛 사람은 나무를 문질러 불씨를 얻었다고 들었다.

1182 似的 [shìde 스더]
~와 같다, ~와 비슷하다

他像兔子似的跑了。
Tā xiàng tùzi shìde pǎole.

그는 토끼처럼 도망쳤다.

1183 所 [suǒ 쑤어]
~되다

为实践所证明。
Wéi shíjiàn suǒ zhèngmíng.

실천에 의해 증명되었다.

1184 则 [zé 쩌]
째

一则年幼, 二则过于冲动。
Yīzé niányòu, èrzé guòyú chōngdòng.

첫째는 나이가 어리고, 둘째는 너무 충동적이다.

▶ • • • 개사

1185
□
□
□
对
[duì 뚜이]
~에 대해(서), ~에 대하여

大家对他很关心。
Dàjiā duì tā hěn guānxīn.

모두들 그에 대하여 매우 관심을 보인다.

1186
□
□
□
离
[lí 리]
~에서, ~로부터, ~까지

他家离火车站很近。
Tājiā lí huǒchēzhàn hěn jin.

그의 집은 기차역에서 매우 가깝다.

1187
□
□
□
把
[bǎ 바]
~으로, ~을(를) 가지고

他把手指向远方。
Tā bǎshǒu zhǐxiàng yuǎnfāng.

그는 손으로 먼 곳을 가리켰다.

1188
□
□
□
除了
[chúle 추러]
~을(를) 제외하고

这件事, 除了他,
Zhè jiàn shì, chúle tā,

이 일은 그를 제외하고,

1189
□
□
□
根据
[gēnjù 껀쮜]
~에 의거하여

根据药方抓药。
Gēnjù yàofāng zhuāyào.

처방전에 근거하여 약을 짓다.

1190
关于
[guānyú 꾸안위]
~에 관해서(관하여)

关于这事，我全不知。
Guānyú zhè shì, wǒ quán bù zhī.

이 일에 관해서 나는 전혀 모른다.

1191
为了
[wèile 웨이러]
~을(를) 하기 위하여

为了你而准备的啊。
wéile nǐ ér zhǔnbèi de a.

너를 위해 준비한 거야.

1192
向
[xiàng 시앙]
~(으)로, ~에게, ~를 향하여

向您进一言。
Xiàng nín jìn yì yán.

당신에게 한 말씀 드리겠습니다.

1193
按照
[ànzhào 안자오]
~에 의해, ~에 따라

按照预定的计划执行。
Ànzhào yùdìng de jìhuà zhíxíng.

예정한 계획대로 집행하다.

1194
当
[dāng 땅]
바로 그 때, 바로 거기

当我动身的时候，
Dāng wǒ dòngshēn de shíhou,

내가 떠날 때,

1195
对于
[duìyú 뚜이위]
~에 대해서, ~에 대하여

对于这种事没有胃口。
Duìyú zhèzhǒng shì méiyǒu wèikǒu.

이런 일에 대해서는 흥미가 없다.

1196
☐ **赶**
☐ [gǎn 간]
☐ ~에 이르러, ~때가 되어

赶明儿我们去韩国玩儿。
Gǎn míngr wǒmen qù Hánguó wánr.

내일이면 우리는 한국으로 놀러 갈 것이다.

1197
☐ **连**
☐ [lián 리엔]
☐ ~조차도, ~마저도, ~까지도

连爷爷都笑了。
Lián yéye dōu xiàole.

할아버지마저도 웃었다.

1198
☐ **通过**
☐ [tōngguò 통꾸어]
☐ ~을 거쳐, ~에 의해

通过努力, 他成功了。
Tōngguò nǔlì, tā chénggōng le.

노력을 통해 그는 성공하였다.

1199
☐ **以**
☐ [yǐ 이]
☐ ~으로써, ~에게 , ~에 의해

给青年**以**力量。
Gěi qīngnián yǐ lìliàng.

청년들에게 힘을 주다.

1200
☐ **由**
☐ [yóu 여우]
☐ ~으로부터, ~을 통하여

由南门进入会场。
Yóu nánmén jìnrù Huìchǎng.

남문을 통하여 회의장으로 들어간다.

1201
☐ **由于**
☐ [yóuyú 여우위]
☐ ~때문에, ~으로 인하여

由于家里有事,
Yóuyú jiālǐ yǒu shì,

집에 일이 생겨서,

1202
与
[yǔ 위]

~와(과), ~함께

与坏人作斗争。
Yǔ huàirén zuò dòuzhēng.

나쁜 놈과 싸우다.

1203
照
[zhào 자오]

~에 의거해서, ~에 근거해서

照章纳税。
Zhào zhāng nàshuì.

규정에 근거해서 세금을 내다.

1204
除非
[chúfēi 추페이]

~을 제외하고

除非他, 我谁都不信任。
Chúfēi tā, wǒ shuí dōu bù xìnrèn.

그를 제외하고 나는 누구도 믿지 않는다.

1205
凭
[píng 핑]

~에 의거하여, ~에 따라

凭本事吃饭。
Píng běnshì chīfàn.

능력으로 먹고살다.

1206
至于
[zhìyú 즈위]

~으로 말하면, ~에 관해서는

至于个别人的意见,
Zhìyú gèbiérén de yìjiàn,

개개인의 의견에 관해서는,

1207
自从
[zìcóng 쯔총]

~에서, ~부터, ~한 후

自从大学毕业,
Zìcóng dàxué bìyè,

대학을 졸업한 후,

 접속사

1208
☐
☐
☐
但是
[dànshì 딴스]
그러나, 그렇지만

这个好是好，**但是**我不要。
Zhègè hǎo shì hǎo dànshì wǒ bù yào.

이것은 좋기는 좋지만, 나는 안 갖겠다.

1209
☐
☐
☐
虽然
[suīrán 쑤이란]
비록 ~하지만, 설령 ~일지라도

虽然穷，但却很幸福。
Suīrán qióng, dàn què hěn xìngfú.

비록 가난하지만, 행복합니다.

1210
☐
☐
☐
所以
[suǒyǐ 쑤어이]
그래서, 그러므로, 때문에

所以准备了。
Suǒyǐ zhǔnbèi le.

그래서 준비했어요.

1211
☐
☐
☐
因为
[yīnwèi 인웨이]
왜냐하면

因为他不能出去。
Yīnwéi tā bùnéng chūqù.

왜냐 하면 그가 나갈 수 없기 때문이다.

1212
☐
☐
☐
不但
[búdàn 부딴]
~뿐만 아니라

他**不但**聪明，而且好学。
Tā búdàn cōngmíng, érqiě hàoxué.

그는 총명할 뿐만 아니라 배우기도 좋아한다.

1213
而且
[érqiě 얼치에]
게다가, 뿐만 아니라, 또한

不但价钱便宜, **而且**东西也好。
Bùdàn jiàqián piányí, érqiě dōngxī yě hǎo.

값이 쌀 뿐만 아니라, 물건도 좋다.

1214
然后
[ránhòu 란허우]
그런 후에, 그 다음에

先彩排, **然后**正式演出。
Xiān cǎipái, ránhòu zhèngshì yǎnchū.

먼저 리허설을 하고, 그런 후에 정식으로 공연한다.

1215
如果
[rúguǒ 루구어]
만약, 만일

如果没有遇见你,
Rúguǒ méiyǒu yùjiàn nǐ,

만약 당신을 만나지 못했더라면,

1216
并且
[bìngqiě 삥치에]
게다가, 나아가

发音难, **并且**语法也难。
Fāyīn nán, bìngqiě yǔfǎ yě nán.

발음이 어렵다, 게다가 문법도 어렵다.

1217
比如
[bǐrú 비루]
예를 들면, 예컨대

比如说吧,
Bǐrú shuō ba,

예를 들어 말하면,

1218
不管
[bùguǎn 뿌구안]
~을 막론하고, ~에 관계없이

不管天气如何,
Bùguǎn tiānqì rúhé,

날씨에 관계없이,

1219 不过
[búguò 부꾸어]
그러나, 그런데, 하지만

不过, 今非昔比。
Búguò, jīnfēixībǐ.

하지만, 요즘은 상황이 달라졌다 .

1220 不仅
[bùjǐn 뿌진]
~뿐만 아니라

不仅无用而且有害。
Bùjǐn wúyòng érqiě yǒuhài.

쓸모없을 뿐만 아니라 해롭다.

1221 而
[ér 얼]
~하고도, 그리고

年轻漂亮而又有才华。
Niánqīng piàoliang éryòu yǒu cáihuá.

젊고 예쁘면서도 재능이 있다.

1222 否则
[fǒuzé 포우쩌]
만약 그렇지 않으면

现在就得去, 否则要误事。
Xiànzài jiù dé qù, fǒuzé yào wùshì.

지금 바로 가야 한다, 그렇지 않으면 일을 그르치게 된다.

1223 假
[jiǎ 지아]
만일, 만약, 혹시

假若他来, 我就不去。
Jiǎruò tā lái, wǒ jiù bù qù.

만약 그가 오면 나는 가지 않겠다.

1224 尽管
[jǐnguǎn 진구안]
비록 ~라 하더라도

尽管我方渴望,
Jǐnguǎn wǒfāng kěwàng,

설령 우리측이 를 간절히 원할지라도,

1225
既然
[jìrán 지란]
~된 바에야, ~인(된) 이상

既然说干, 那么就干吧。
Jìrán shuō gān, nàme jiù gān ba.

하자고 한 이상 합시다.

1226
即使
[jíshǐ 지스]
설령 ~하더라도

即使我不对,
Jíshǐ wǒ búduì,

설사 내가 잘못했다 하더라도,

1227
可是
[kěshì 커스]
그러나, 하지만, 그렇지만

好却好, 可是…
hǎo què hǎo, kěshì…

좋기는 좋은데, 그러나…

1228
另外
[lìngwài 링와이]
그 외에, 그 밖에

另外跨着一个工作。
Lìngwài kuà zhe yīgè gōngzuò.

그 밖에 또 일 하나를 더 맡다.

1229
然而
[rán'ér 란얼]
그러나, 하지만, 그렇지만

然而, 孩子依然是孩子。
Rán'ér, háizi yīrán shì háizi.

하지만 아이들은 아이들일 뿐이었다.

1230
甚至
[shènzhì 선즈]
~까지도, ~조차도

甚至要爱她的老妈。
Shènzhì yào ài tā de lǎo mā.

그녀의 어머니까지도 사랑하다.

1231
随便
[suíbiàn 쑤이삐엔]

~를 막론하고

随便你怎么说我也不去。
Suíbiàn nǐ zěnmeshuō wǒ yě búqù.

네가 뭐라 말하든 난 안 가겠다.

1232
同时
[tóngshí 통스]

그리고, 또한, 아울러

同时性格也更开朗了。
Tóngshí xìnggé yě gèng kāilǎng le.

또한 성격도 더욱 명랑해졌다.

1233
无
[wú 우]

~을(를) 막론하고

事无巨细, 他都要过问。
Shìwújùxì, tā dōu yào guò wèn.

크고 작은 일을 막론하고 그는 모두 참견하려고 한다.

1234
无论
[wúlùn 우룬]

~을(를) 따지지 않고

无论男女都录用。
Wúlùn nánnǚ dōu lùyòng.

남녀 불문하고 모두 채용하다.

1235
相反
[xiāngfǎn 시앙판]

반대로, 거꾸로, 오히려

相反, 日元价值下跌。
Xiāngfǎn, rìyuán jiàzhí xiàdiē.

반면에 엔화 값은 속절없이 하락했다.

1236
要是
[yàoshi 야오스]

만약, 만약 ~이라면(하면)

要是他来了, 怎么办?
Yàoshì tā lái le, zěnme bàn?

그가 오게 되면 어떻게 하겠느냐?

1237
以
[yǐ 이]
~하여, ~하기 위하여

积蓄力量以待时机。
Jīxù lìliàng yǐ dài shíjī.

역량을 축적하여 시기를 기다리다.

1238
因此
[yīncǐ 인츠]
이로 인하여, 이 때문에

你不要因此背包袱。
Nǐ bùyào yīncǐ bēibāofú.

이것 때문에 부담을 느끼지 마라.

1239
由于
[yóuyú 여우위]
~때문에, ~으로 인하여

由于地震地裂了。
Yóuyú dìzhèn de lièle.

지진으로 땅이 갈라졌다.

1240
与
[yǔ 위]
~와(과)

中国与韩国
zhōngguó yǔ hánguó

중국과 한국

1241
于是
[yúshì 위스]
그래서, 이리하여, 그리하여

于是我就给他画了。
Yúshì wǒ jiù jǐ tā huà le.

그래서 나는 양의 그림을 그렸습니다.

1242
只要
[zhǐyào 즈야오]
~하기만 하면

只要努力,
zhǐyào nǔlì,

노력하기만 하면,

▶ ··· 기타

1243
□
□ **不客气**
□ [búkèqi 부커치]
사양하지 않다, 체면 차리지 않다

不客气, 请尽管用。
Bùkèqì, qǐng jǐnguǎn yòng.

사양하지 마시고 마음껏 드세요.

1244
□
□ **没关系**
□ [méiguānxi 메이꾸안시]
괜찮다, 상관없다, 문제없다

去晚一点**没关系**。
Qù wǎn yìdiǎn méiguānxì.

좀 늦게 가도 괜찮다.

1245
□
□ **怎么样**
□ [zěnmeyàng 쩐머양]
어떻다, 어떠하다

天气还能把咱们**怎么样**?
Tiānqì hái néng bǎ zánmen zěnmeyàng?

더 이상 날씨가 우리를 어찌하겠는가?

▶ ··· 접두(미)사

1246
□ **非** [fēi 페이]
□ 어떤 범위에 속하지 않음을
□ 나타냄

非一流演员。
Fēi yīliú yǎnyuán.

일류 연기자에 속하지 않다.

1247
老
[lǎo 라오]
동식물 이름 앞에 쓰임

老鹰在天上打盘旋。
Lǎoyīng zài tiānshàng dǎ pánxuán.

독수리가 공중에서 선회하고 있다.

1248
大 [dà 따]
명절·절기 앞에서 강조를
나타냄

大冷天
dàlěngtiān

무척 추운 날씨

1249
个
[gè 꺼]
양사 些(xiē) 뒤에 쓰임

那些个人都不是好惹的。
Nàxiē gèrén dōubúshì hǎo rě de.

저 사람들은 모두 만만한 사람들이 아니다.

1250
家 [jiā 지아]
명사 뒤에 쓰여 어떤 류에 속하
는 사람인지를 나타냄

姑娘家
gūniangjia

소녀들

1251
首
[shǒu 서우]
위치를 나타냄

双亲坐上首。
Shuāngqīn zuò shàng shǒu.

양친이 상석에 앉았다.

1252
不过
[búguò 부꾸어]
~할 수 없다

瞒不过。
Mán búguò.

속일 수 없다.

부록

▼

주제별 단어

부록

■ 숫자

- [ ] 零(líng) 영
- [ ] 一(yī) 일, 1
- [ ] 二(èr) 이, 2
- [ ] 三(sān) 삼, 3
- [ ] 四(sì) 사, 4
- [ ] 五(wǔ) 오, 5
- [ ] 六(liù) 육, 6
- [ ] 七(qī) 칠, 7
- [ ] 八(bā) 팔
- [ ] 九(jiǔ) 구, 9
- [ ] 十(shí) 십, 10
- [ ] 二十(èrshí) 이십, 20
- [ ] 三十(sānshí) 삼십, 30
- [ ] 四十(sìshí) 사십, 40
- [ ] 五十(wǔshí) 오십, 50
- [ ] 六十(liùshí) 육십, 60

- [ ] 七十(qīshí) 칠십, 70
- [ ] 八十(bāshí) 팔십, 80
- [ ] 九十(jiǔshí) 구십, 90
- [ ] 百(bǎi) 백, 100
- [ ] 二百(èrbǎi) 이백, 200
- [ ] 三百(sānbǎi) 삼백, 300
- [ ] 四百(sìbǎi) 사백, 400
- [ ] 五百(wǔbǎi) 오백, 500
- [ ] 六百(liùbǎi) 육백, 600
- [ ] 七百(qībǎi) 칠백, 700
- [ ] 八百(bābǎi) 팔백, 800
- [ ] 九百(jiǔbǎi) 구백, 900
- [ ] 一千(yìqiān) 천, 1,000
- [ ] 两千(liǎngqiān) 이천, 2,000
- [ ] 三千(sānqiān) 삼천, 3,000
- [ ] 四千(sìqiān) 사천, 4,000
- [ ] 五千(wǔqiān) 오천 5,000

☐ 六千(liùqiān)육천, 6,000

☐ 七千(qīqiān) 칠천, 7,000

☐ 八千(bāqiān) 팔천, 8,000

☐ 九千(jiǔqiān) 구천, 9,000

☐ 一万(yíwàn) 만, 10,000

☐ 二万(èrwàn) 이만, 20,000

☐ 三万(sānwàn) 삼만, 30,000

☐ 四万(sìwàn) 사만, 40,000

☐ 五万(wǔwàn) 오만, 50,000

☐ 六万(liùwàn) 육만, 60,000

☐ 七万(qīwàn) 칠만, 70,000

☐ 八万(bāwàn) 팔만, 80,000

☐ 九万(jiǔwàn) 구만, 90,000

☐ 十万(shíwàn) 십만, 100,000

☐ 百万(bǎiwàn) 백만, 1,000,000

☐ 千万(qiānwàn) 천만, 10,000,000

☐ 亿(yì) 억

☐ 十亿(shíyì) 십억

☐ 百亿(bǎiyì) 백억

☐ 千亿(qiānyì) 천억

■ 시간

☐ 一点(yìdiǎn) 한 시, 1시

☐ 二点(èrdiǎn) 두 시, 2시

☐ 三点(sāndiǎn) 세 시, 3시

☐ 四点(sìdiǎn) 네 시, 4시

☐ 五点(wǔdiǎn) 다섯 시, 5시

☐ 六点(liùdiǎn) 여섯 시, 6시

☐ 七点(qīdiǎn) 일곱 시, 7시

☐ 八点(bādiǎn) 여덟 시, 8시

☐ 九点(jiǔdiǎn) 아홉 시, 9시

☐ 十点(shídiǎn) 열 시, 10시

☐ 十一点(shíyìdiǎn) 열한 시, 11시

☐ 十二点(shí'èrdiǎn) 열두 시, 12시

- □ 几点(jǐdiǎn) 몇 시

- □ ~分(fēn) ~분

- □ 几分(jǐfēn) 몇 분

- □ ~秒(miǎo) ~초

- □ 几秒(jǐmiǎo) 몇 초

■ 날짜

- □ 一日/号(yīrì/hào) 1일

- □ 二日/号(èrrì/hào) 2일

- □ 三日/号(sānrì/hào) 3일

- □ 四日/号(sìrì/hào) 4일

- □ 五日/号(wǔrì/hào) 5일

- □ 六日/号(liùrì/hào) 6육

- □ 七日/号(qīrì/hào) 7일

- □ 八日/号(bārì/hào) 8일

- □ 九日/号(jiǔrì/hào) 9일

- □ 十日/号(shírì/hào) 10일

- □ 十一日/号(shíyìrì/hào) 11일

- □ 二十日/号(èrshírì/hào) 20일

- □ 二十一日/号(èrshíyìrì/hào) 21일

- □ 三十日/号(sānshírì/hào) 30일

- □ 三十一日/号(sānshíyìrì/hào)
  31일

- □ 几号(jǐhào) 며칠

■ 요일

- □ 星期一(xīngqīyī) 월요일

- □ 星期二(xīngqīèr) 화요일

- □ 星期三(xīngqīsān) 수요일

- □ 星期四(xīngqīsì) 목요일

- □ 星期五(xīngqīwǔ) 금요일

- □ 星期六(xīngqīliù) 토요일

- □ 星期日(xīngqīrì) 일요일

- □ 星期天(xīngqītiān) 일요일

☐ 星期几(xīngqījǐ) 무슨 요일

■ 때

☐ 时间(shíjiān) 시간

■ 월

☐ 时候(shíhòu) 때, 시

☐ 一月(yīyuè) 1월

☐ 时刻(shíkè) 시각

☐ 二月(èryuè) 2월

☐ 现在(xiànzài) 현재, 지금

☐ 三月(sānyuè) 3월

☐ 过去(guòqù) 과거

☐ 四月(sìyuè) 4월

☐ 未来(wèilái) 미래

☐ 五月(wǔyuè) 5월

☐ 以前(yǐqián) 이전

☐ 六月(liùyuè) 6월

☐ 以后(yǐhòu) 이후, 그후

☐ 七月(qīyuè) 7월

☐ 最近(zuìjìn) 최근, 요즘

☐ 八月(bāyuè) 8월

☐ 最初(zuìchū) 최초, 처음

☐ 九月(jiǔyuè) 9월

☐ 最后(zuìhòu) 최후, 마지막

☐ 十月(shíyuè) 10월

☐ 世纪(shìjì) 세기

☐ 十一月(shíyīyuè) 11월

☐ 年(nián) 연, 해

☐ 十二月(shí'èryuè) 12월

☐ 前年(qiánnián) 재작년

☐ 几月(jǐyuè) 몇 월

☐ 去年(qùnián) 작년

☐ 今年(jīnnián) 금년, 올해

- 明年(míngnián) 내년, 명년
- 后年(hòunián) 내후년
- 每年(měinián) 매년
- 新年(xīnnián) 신년, 새해
- 月(yuè) 월, 달
- 上个月(shànggeyuè) 지난달
- 这个月(zhègeyuè) 이번달
- 下个月(xiàgeyuè) 다음달
- 每月(měiyuè) 매달, 매월
- 星期(xīngqī) 주, 주간
- 周末(zhōumò) 주말
- 上个星期(shànggexīngqī)
  지난주
- 这个星期(zhègexīngqī)
  이번주
- 下个星期(xiàgexīngqī) 다음주
- 每星期(měixīngqī) 매주

- 日(rì) 일
- 日子(rìzi) 날, 날짜
- 前天(qiántiān) 그제
- 昨天(zuótiān) 어제
- 今天(jīntiān) 오늘
- 明天(míngtiān) 내일
- 后天(hòutiān) 모레
- 天天(tiāntiān) 매일
- 每天(měitiān) 매일
- 第二天(dìèrtiān) 다음날
- 整天(zhěngtiān) 온종일
- 半天(bàntiān) 반나절
- 天亮(tiānliàng) 새벽
- 早上(zǎoshàng) 아침
- 白天(báitiān) 낮
- 上午(shàngwǔ) 오전
- 中午(zhōngwǔ) 정오

□ 下午(xiàwǔ) 오후

□ 晚上(wǎnshàng) 저녁

□ 夜(yè) 밤

□ 半夜(bànyè) 한밤중

□ 后边(hòubiān) 뒤

□ 旁边(pángbiān) 옆, 가로

□ ~从(cóng) ~부터

□ ~到(dào) ~까지

■ 위치와 방향

□ 上(shàng) 위

□ 中(zhōng) 가운데

□ 下(xià) 아래

□ 左边(zuǒbiān) 왼쪽

□ 右边(yòubiān) 오른쪽

□ 左右(zuǒyòu) 좌우

□ 东边(dōngbiān) 동쪽

□ 西边(xībiān) 서쪽

□ 南边(nánbiān) 남쪽

□ 北边(běibiān) 북쪽

□ 前边(qiánbiān) 앞

■ 사계절

□ 季节(jìjié) 계절

□ 春天(chūntiān) 봄

□ 夏天(xiàtiān) 여름

□ 秋天(qiūtiān) 가을

□ 冬天(dōngtiān) 겨울

■ 가족과 사람

□ 男人(nánrén) 남자

□ 女人(nǚrén) 여자

□ 婴儿(yīng'ér) 아기

□ 小孩子(xiǎoháizi) 어린이

- [ ] 大人(dàrén) 어른
- [ ] 成人(chéngrén) 성인
- [ ] 少年(shàonián) 소년
- [ ] 少女(shàonǚ) 소녀
- [ ] 儿子(érzi) 아들
- [ ] 女儿(nǚér) 딸
- [ ] 兄弟(xiōngdì) 형제
- [ ] 哥哥(gēge) 형
- [ ] 弟弟(dìdi) 동생
- [ ] 姐妹(jiěmèi) 자매
- [ ] 姐姐(jiějie) 누나, 언니
- [ ] 妹妹(mèimei) 누이동생, 여동생
- [ ] 父亲(fùqīn) 아버지
- [ ] 爸爸(bàba) 아빠
- [ ] 母亲(mǔqīn) 어머니
- [ ] 妈妈(māma) 엄마
- [ ] 丈夫(zhàngfu) 남편

- [ ] 妻子(qīzi) 아내
- [ ] 祖父(zǔfù) 할아버지
- [ ] 祖母(zǔmǔ) 할머니
- [ ] 公公(gōnggong) 시아버지
- [ ] 婆婆(pópo) 시어머니
- [ ] 岳父(yuèfù) 장인
- [ ] 岳母(yuèmǔ) 장모
- [ ] 女婿(nǚxù) 사위
- [ ] 媳妇(xífù) 며느리
- [ ] 孙子(sūnzi) 손자
- [ ] 孙女(sūnnǚ) 손녀
- [ ] 朋友(péngyou) 친구
- [ ] 韩国人(hánguórén) 한국인
- [ ] 中国人(zhōngguórén) 중국인
- [ ] 日本人(rìběnrén) 일본인

■ 신체

☐ 身体(shēntǐ) 몸

☐ 头(tóu) 머리

☐ 额头(étóu) 이마

☐ 眉毛(méimáo) 눈썹

☐ 眼睛(yǎnjīng) 눈

☐ 鼻子(bízǐ) 코

☐ 耳朵(ěrduǒ) 귀

☐ 嘴(zuǐ) 입

☐ 脖子(bózǐ) 목

☐ 吼咙(hǒulóng) 목구멍

☐ 肚子(dùzǐ) 배

☐ 肚脐(dùqí) 배꼽

☐ 下腹部(xiàfùbù) 아랫배

☐ 腰(yāo) 허리

☐ 肩膀(jiānbǎng) 어깨

☐ 肘(zhǒu) 팔꿈치

☐ 手腕(shǒuwàn) 손목

☐ 手指(shǒuzhǐ) 손가락

☐ 手(shǒu) 손

☐ 脚(jiǎo) 다리

☐ 膝盖(xīgài) 무릎

☐ 臀部(túnbù) 엉덩이

☐ 大腿上部(dàtuǐshàngbù)
  허벅다리

☐ 脚腕(jiǎowàn) 발목

☐ 脚尖(jiǎojiān) 발끝

☐ 浓(nóng) 짙다, 진하다

■ 생리현상

☐ 气息(qìxī) 호흡, 숨

☐ 哈欠(hāqiàn) 하품

☐ 喷涕(pēntì) 재채기

☐ 睡语(shuìyǔ) 잠꼬대

☐ 屁(pì) 방귀

☐ 月经(yuèjīng) 월경

☐ 口水(kǒushuǐ) 침, 군침

☐ 汗(hán) 땀

☐ 泪水(lèishuǐ) 눈물

☐ 鼻涕(bítì) 콧물

☐ 呼吸(hūxī) 호흡하다, 숨쉬다

☐ 喘(chuǎn) 헐떡거리다

☐ 打嗝儿(dǎgér) 딸꾹질하다

☐ 眨眼(zhǎyǎn) 눈을 깜빡거리다

☐ 出汗(chūhán) 땀나다

☐ 发困(fākùn) 졸리다

☐ 打盹儿(dǎdǔnr) 졸다

☐ 尿(niào) 소변보다

☐ 拉屎(lāshǐ) 똥 누다, 대변보다

■ 신분

☐ 姓名(xìngmíng) 성명

☐ 籍贯(jíguàn) 출생지

☐ 年龄(niánlíng) 연령

☐ 住址(zhùzhǐ) 주소

☐ 出身(chūshēn) 출신

☐ 成份(chéngfèn) 성분

☐ 工人(gōngrén) 노동자

☐ 农民(nóngmín) 농민

☐ 军人(jūnrén) 군인

☐ 作家(zuòjiā) 작가

☐ 教师(jiàoshī) 교사

☐ 教员(jiàoyuán) 교원

☐ 医生(yīshēng) 의사

☐ 大夫(dàifu) 의사

☐ 警察(jǐngchá) 경찰

☐ 商人(shāngrén) 상인

- □ 公务人员(gōngwùrényuán) 공무원
- □ 技术员(jìshùyuán) 기술자
- □ 工程师(gōngchéngshī) 엔지니어
- □ 研究员(yánjiūyuán) 연구원
- □ 售货员(shòuhuòyuán) 점원
- □ 司机(sījī) 운전수
- □ 同志(tóngzhì) 동지
- □ 干部(gānbù) 간부
- □ 职员(zhíyuán) 직원
- □ 宣传员(xuānchuányuán) 선전원

■ 스포츠

- □ 足球(zúqiú) 축구
- □ 橄榄球(gǎnlǎnqiú) 럭비
- □ 排球(páiqiú) 배구
- □ 篮球(lánqiú) 농구
- □ 棒球(bàngqiú) 야구

- □ 乒乓球(pīngpāngqiú) 탁구
- □ 羽毛球(yǔmáoqiú) 배드민턴
- □ 网球(wǎngqiú) 테니스
- □ 游泳(yóuyǒng) 수영
- □ 赛马(sàimǎ) 경마
- □ 柔道(róudào) 유도
- □ 举重(jǔzhòng) 역도
- □ 拳击(quánjī) 권투
- □ 摔跤(shuāiqiāo) 씨름
- □ 溜冰(liūbīng) 스케이팅
- □ 滑雪(huáxuě) 스키
- □ 马拉松(mǎlāsōng) 마라톤
- □ 田径赛(tiánjìngsài) 육상경기
- □ 体操(tǐcāo) 체조
- □ 跳水(tiàoshuǐ) 다이빙
- □ 射击(shèjī) 사격
- □ 手球(shǒuqiú) 핸드볼

☐ 曲棍球(qūgùnqiú) 하키

☐ 冰球(bīngqiú) 아이스하키

☐ 射箭(shèjiàn) 양궁

☐ 高尔夫球(gāo'ěrfūqiú) 골프

☐ 保龄球(bǎolíngqiú) 볼링

거리와 도로

☐ 高速公路(gāosùgōnglù)
　고속도로

☐ 国道(guódào) 국도

☐ 街道(jiēdào) 거리

☐ 十字路口(shízìlùkǒu) 사거리

☐ 马路(mǎlù) 대로, 큰길

☐ 小巷(xiǎoxiàng) 골목길

☐ 单行道(dānxíngdào) 일방통행로

☐ 近道(jìndào) 지름길

☐ 人行道(rénxíngdào) 인도, 보도

☐ 平交道(píngjiāodào) 횡단보도

☐ 地下道(dìxiàdào) 지하도

☐ 隧道(suìdào) 터널

☐ 天桥(tiānqiáo) 육교

☐ 红绿灯(hónglǜdēng) 신호등

☐ 红灯(hóngdēng) 적신호

☐ 绿灯(lǜdēng) 청신호

☐ 交通警察(jiāotōngjǐngchá)
　교통경찰

☐ 堵塞(dǔsāi) 교통체증

☐ 路边(lùbiān) 길가

☐ 车道(chēdào) 차도

교통

☐ 上车(shàngchē) 타다

☐ 下车(xiàchē) 내리다

☐ 换车(huànchē) 갈아타다

☐ 开车(kāichē) 운전하다

☐ 停车(tíngchē) 정차하다

☐ 停车场(tíngchēchǎng) 주차장

☐ 执照(zhízhào) 면허증

☐ 站(zhàn) 역

☐ 车站(chēzhàn) 정류장

☐ 终点站(zhōngdiǎnzhàn) 종점

☐ 到站(dàozhàn) 도착하다

☐ 加油站(jiāyóuzhàn) 주유소

☐ 公共汽车(gōnggòngqìchē) 버스

☐ 长途车(chángtúchē) 장거리버스

☐ 游览车(yóulǎnchē) 관광버스

☐ 汽车(qìchē) 자동차

☐ 出租汽车(chūzūqìchē) 택시

☐ 救护车(jiùhùchē) 구급차

☐ 救火车(jiùhuǒchē) 소방차

☐ 自行车(zìxíngchē) 자전거

☐ 摩托车(mótuōchē) 오토바이

☐ 卡车(kǎchē) 트럭

☐ 电车(diànchē) 전차

☐ 地铁(dìtiě) 지하철

☐ 船(chuán) 배

☐ 货船(huòchuán) 화물선

☐ 客船(kèchuán) 여객선

☐ 港口(gǎngkǒu) 항구

☐ 飞机(fēijī) 비행기

☐ 机场(jīchǎng) 공항

☐ 火车(huǒchē) 기차

☐ 铁路(tiělù) 철도

☐ 客车(kèchē) 객차

■ 전화

☐ 电话(diànhuà) 전화

☐ 听筒(tīngtǒng) 수화기

- 号码盘(hàomǎpán) 다이얼
- 电话簿(diànhuàbù) 전화번호부
- 公用电话(gōngyòngdiànhuà) 공중전화
- 电话亭(diànhuàtíng) 전화부스
- 电话局(diànhuàjú) 전화국
- 市内电话(shìnèidiànhuà) 시내전화
- 长途电话(chángtúdiànhuà) 장거리전화
- 国际电话(guójìdiànhuà) 국제전화
- 电报(diànbào) 전보
- 占线(zhànxiàn) 통화중

■ 우편

- 邮局(yóujú) 우체국
- 邮件(yóujiàn) 우편물
- 邮票(yóupiào) 우표

- 信纸(xìnzhǐ) 편지지
- 信封(xìnfēng) 편지봉투
- 明信片(míngxìnpiàn) 엽서
- 邮筒(yóutǒng) 우체통
- 邮政信箱(yóuzhèngxìnxiāng) 사서함
- 邮费(yóufèi) 우편요금
- 邮政编码(yóuzhèngbiānmǎ) 우편번호
- 平信(píngxìn) 보통우편
- 快邮(kuàiyóu) 빠른우편
- 挂号信(guàhàoxìn) 등기
- 包裹(bāoguǒ) 소포
- 收件人(shōujiànrén) 수신인
- 寄件人(jìjiànrén) 발신인
- 邮递员(yóudìyuán) 우편집배원
- 姓名(xìngmíng) 성명

□ 地址(dìzhǐ) 주소

□ 城(chéng) 성

□ 运动场(yùndòngchǎng) 운동장

■ 공공시설

□ 体育馆(tǐyùguǎn) 체육관

□ 博物馆(bówùguǎn) 박물관

□ 礼堂(lǐtáng) 강당

□ 美术馆(měishùguǎn) 미술관

□ 游泳池(yóuyǒngchí) 수영장

□ 动物园(dòngwùyuán) 동물원

□ 夜总会(yèzǒnghuì) 나이트클럽

□ 电影院(diànyǐngyuàn) 영화관

□ 医院(yīyuàn) 병원

□ 剧场(jùchǎng) 극장

□ 百货公司(bǎihuògōngsī) 백화점

■ 조리법

□ 饭店(fàndiàn) 호텔

□ 煮(zhǔ) 삶다

□ 旅馆(lǚguǎn) 여관

□ 炖(dùn) 약한 불로 삶다

□ 食堂(shítáng) 식당

□ 炒(chǎo) 볶다

□ 餐厅(cāntīng) 레스토랑

□ 爆(bào) 강한 불로 빠르게 볶다

□ 公园(gōngyuán) 공원

□ 炸(zhà) 튀기다

□ 寺庙(sìmiào) 절

□ 烹(pēng) 기름에 볶아 조미료를 치다

□ 教堂(jiàotáng) 교회

□ 煎(jiān) 기름을 빼고 볶다

□ 图书馆(túshūguǎn) 도서관

□ 烧(shāo) 가열하다

☐ 蒸(zhēng) 찌다

☐ 拌(bàn) 무치다

☐ 烤(kǎo) 굽다

☐ 砂锅(shāguō) 질냄비에 삶다

☐ 溜(liū) 양념장을 얹다

☐ 烩(huì) 삶아 양념장에 얹다

■ 식사

☐ 早饭(zǎofàn) 아침밥

☐ 午饭(wǔfàn) 점심밥

☐ 晚饭(wǎnfàn) 저녁밥

☐ 点心(diǎnxīn) 간식

☐ 小吃(xiǎochī) 스낵

☐ 菜肴(càiyáo) 요리, 반찬

☐ 餐(cān) 요리, 식사

☐ 点菜(diǎncài) (음식을) 주문하다

☐ 夜餐(yècān) 밤참, 야식

☐ 茶点(chádiǎn) 다과

☐ 摊子(tānzǐ) 노점

☐ 菜单(càidān) 식단, 메뉴

☐ 好吃(hǎochī) 맛있다

☐ 不好吃(bùhǎochī) 맛없다

☐ 口渴(kǒukě) 목이 마르다

☐ 香(xiāng) 향기롭다

☐ 甜(tián) 달다

☐ 苦(kǔ) 쓰다

☐ 淡(dàn) 싱겁다

☐ 咸(xián) 짜다

☐ 辣(là) 맵다

☐ 酸(suān) 시다

☐ 腥(xīng) 비리다

■ 곡류

☐ 大米(dàmǐ) 쌀

☐ 大麦(dàmài) 보리

☐ 白菜(báicài) 배추

☐ 小麦(xiǎomài) 밀

☐ 箩卜(luóbo) 무

☐ 玉米(yùmǐ) 옥수수

☐ 土豆(tǔdòu) 감자

☐ 大豆(dàdòu) 콩

☐ 白薯(báishǔ) 고구마

☐ 花生米(huāshēngmǐ) 땅콩

☐ 豆芽儿(dòuyár) 콩나물

■ 야채

☐ 蔬菜(shūcài) 야채

☐ 蔥(cōng) 파

☐ 洋蔥(yángcōng) 양파

☐ 蒜(suàn) 마늘

☐ 姜(jiāng) 생강

☐ 辣椒(làjiāo) 고추

☐ 茄子(qiézǐ) 가지

☐ 黄瓜(huángguā) 오이

☐ 南瓜(nánguā) 호박

☐ 菠菜(bōcài) 시금치

■ 과일

☐ 水果(shuǐguǒ) 과일

☐ 苹果(píngguǒ) 사과

☐ 梨子(lízi) 배

☐ 橙子(chéngzi) 오렌지

☐ 香蕉(xiāngjiāo) 바나나

☐ 桃(táo) 복숭아

☐ 西瓜(xīguā) 수박

☐ 甜瓜(tiánguā) 참외

☐ 杏(xing) 살구

☐ 梅(méi) 매실

□ 葡萄(pútáo) 포도

□ 草莓(cǎoméi) 딸기

□ 鳗鱼(mányú) 뱀장어

□ 贝(bèi) 조개

□ 牡蛎(mǔlí) 굴

■ 육고기

□ 牛肉(niúròu) 소고기

□ 猪肉(zhūròu) 돼지고기

□ 鸡肉(jīròu) 닭고기

□ 羊肉(yángròu) 양고기

□ 排骨(páigǔ) 갈비

■ 조미료

□ 味精(wèijīng) 조미료

□ 酱油(jiàngyóu) 간장

□ 酱(jiàng) 된장

□ 盐(yán) 소금

□ 糖(táng) 설탕

□ 醋(cù) 식초

■ 어패류

□ 鱼(yú) 생선

□ 金枪鱼(jīnqiāngyú) 참치

□ 青鱼(qīngyú) 고등어

□ 黄鱼(huángyú) 조기

□ 虾(xiā) 새우

□ 螃蟹(pángxiè) 게

□ 胡椒(hújiāo) 후추

□ 芥末(jièmò) 겨자

□ 生姜(shēngjiāng) 생강

□ 辣椒(làjiāo) 고추

■ 의류

- [ ] 衣服(yīfú) 옷, 의복
- [ ] 西装(xīzhuāng) 양복
- [ ] 上衣(shàngyī) 상의
- [ ] 衬衫(chènshān) 와이셔츠
- [ ] 毛衣(máoyī) 스웨터
- [ ] 背心(bèixīn) 조끼
- [ ] 裙子(qúnzi) 스커트
- [ ] 裤子(kùzǐ) 바지
- [ ] 夹克(jiākè) 점퍼
- [ ] 汗衫(hánshān) 속옷, 내의
- [ ] 汗背心(hánbèixīn) 러닝셔츠
- [ ] 内裤(nèikù) 팬티
- [ ] 乳罩(rǔzhào) 브래지어
- [ ] 袜子(wàzi) 양말
- [ ] 帽子(màozǐ) 모자
- [ ] 领带(lǐngdài) 넥타이

- [ ] 皮鞋(píxié) 구두
- [ ] 高跟鞋(gāogēnxié) 하이힐
- [ ] 球鞋(qiúxié) 운동화
- [ ] 凉鞋(liángxié) 샌들
- [ ] 拖鞋(tuōxié) 슬리퍼
- [ ] 旅游鞋(lǚyóuxié) 스니커즈
- [ ] 长筒皮鞋(chángtǒngpíxié) 부츠
- [ ] 雨鞋(yǔxié) 장화

■ 날씨

- [ ] 天气(tiānqi) 날씨
- [ ] 太阳(tàiyáng) 태양
- [ ] 阳光(yángguāng) 햇빛
- [ ] 星星(xīngxing) 별
- [ ] 月亮(yuèliàng) 달
- [ ] 风(fēng) 바람
- [ ] 云(yún) 구름

- ☐ 露水(lùshuǐ) 이슬
- ☐ 霜(shuāng) 서리
- ☐ 雪(xuě) 눈
- ☐ 雨(yǔ) 비
- ☐ 虹(hóng) 무지개
- ☐ 毛毛雨(máomáoyǔ) 이슬비
- ☐ 阵雨(zhènyǔ) 소나기
- ☐ 梅雨(méiyǔ) 장마
- ☐ 闪电(shǎndiàn) 번개
- ☐ 雷(léi) 천둥
- ☐ 冰雹(bīngbáo) 우박
- ☐ 风暴(fēngbào) 폭풍
- ☐ 台风(táifēng) 태풍
- ☐ 洪水(hóngshuǐ) 홍수
- ☐ 沙尘(shāchén) 황사
- ☐ 红霓(hóngní) 무지개
- ☐ 天气预报(tiānqìyùbào) 일기예보

- ☐ 阴天(yīntiān) 흐림
- ☐ 晴天(qíngtiān) 맑음
- ☐ 冰(bīng) 얼다
- ☐ 潮湿(cháoshī) 습하다
- ☐ 干燥(gānzào) 건조하다
- ☐ 冷(lěng) 춥다, 차다
- ☐ 凉快(liángkuài) 시원하다
- ☐ 暖和(nuǎnhuo) 따뜻하다
- ☐ 热(rè) 덥다
- ☐ 晴(qíng) 개다, 맑다
- ☐ 雨季(yǔjì) 우기
- ☐ 节期(jiéqī) 절기

■ 기후와 자연

- ☐ 气候(qìhòu) 기후
- ☐ 寒带(hándài) 한대
- ☐ 温带(wēndài) 온대

250

□ 寒流(hánliú) 한류

□ 暖流(nuǎnliú) 난류

□ 温度(wēndù) 온도

□ 摄氏(shèshì) 섭씨

□ 零上(língshàng) 영상

□ 零下(língxià) 영하

□ 大陆(dàlù) 대륙

□ 海(hǎi) 바다

□ 海滨(hǎibīn) 해변

□ 河(hé) 강, 하천, 목

□ 岸(àn) 물가, 강변

□ 湖(hú) 호수

□ 池子(chízi) 못

□ 沟(gōu) 개천, 도랑

□ 山(shān) 산

□ 山谷(shāngǔ) 산골짜기

□ 山脚(shānjiǎo) 산기슭

□ 山坡(shānpō) 산비탈

□ 溪谷(xīgǔ) 계곡

□ 地(dì) 땅

□ 土地(tǔdì) 토지

□ 地面(dìmiàn) 지면, 지표

□ 草地(cǎodì) 초원

□ 森林(sēnlín) 삼림

□ 树林子(shùlínzi) 숲

□ 田地(tiándì) 논밭

□ 野外(yěwài) 야외

□ 风景(fēngjǐng) 풍경

■ 동물

□ 动物(dòngwù) 동물

□ 牲口(shēngkǒu) 가축

□ 狗(gǒu) 개

□ 貓(māo) 고양이

□ 马(mǎ) 말

□ 河马(hémǎ) 하마

□ 牛(niú) 소

□ 鼠(shǔ) 쥐

□ 猪(zhū) 돼지

□ 蛇(shé) 뱀

□ 鸡(jī) 닭

□ 鸟(niǎo) 새

□ 鸭子(yāzi) 오리

□ 兔(tù) 토끼

■ 식물

□ 羊(yáng) 양

□ 植物(zhíwù) 식물

□ 山羊(shānyáng) 염소

□ 木(mù) 나무

□ 狐(hú) 여우

□ 花(huā) 꽃

□ 狼(láng) 늑대

□ 草(cǎo) 풀

□ 猴(hóu) 원숭이

□ 松树(sōngshù) 소나무

□ 鹿(lù) 사슴

□ 竹子(zhúzi) 대나무

□ 虎(hǔ) 호랑이

□ 菊花(júhuā) 국화

□ 狮子(shīzi) 사자

□ 蘭草(láncǎo) 난

□ 熊(xióng) 곰

□ 跟(gēn) 뿌리

□ 熊貓(xióngmāo) 판다

□ 秆子(gǎnzi) 줄기

□ 象(xiàng) 코끼리

□ 茎(jīng) 가지

252

☐ 葉子(yèzi) 잎

☐ 芽(yá) 싹

☐ 树皮(shùpí) 나무껍질

☐ 花瓣(huābàn) 꽃잎

☐ 种子(zhǒngzǐ) 씨앗

■ 주거

☐ 房子(fángzǐ) 집

☐ 住宅(zhùzhái) 주택

☐ 公寓(gōngyù) 아파트

☐ 大樓(dàlóu) 빌딩

☐ 正门(zhèngmén) 현관

☐ 起居室(qǐjūshì) 거실

☐ 卧室(wòshì) 침실

☐ 客厅(kètīng) 응접실, 객실

☐ 餐厅(cāntīng) 부엌

☐ 洗脸间(xǐliǎnjiān) 세면장

☐ 厕所(cèsuǒ) 화장실

☐ 洗澡间(xǐzǎojiān) 욕실

☐ 樓上(lóushàng) 위층

☐ 樓下(lóuxià) 아래층

☐ 走廊(zǒuláng) 복도

☐ 樓梯(lóutī) 계단

☐ 电梯(diàntī) 엘리베이터

☐ 窗户(chuānghù) 창문

■ 식기

☐ 餐具(cānjù) 식기

☐ 碗(wǎn) 그릇

☐ 盘子(pánzi) 쟁반

☐ 碟子(diézi) 접시

☐ 筷子(kuàizǐ) 젓가락

☐ 匙子(chízi) 숟가락

☐ 勺子(sháozi) 국자

- [ ] 餐刀(cāndāo) 부엌칼
- [ ] 菜刀(càidāo) 요리용 칼
- [ ] 菜板(càibǎn) 도마
- [ ] 茶杯(chábēi) 찻잔
- [ ] 锅(guō) 냄비

가구와 침구

- [ ] 家具(jiājù) 가구
- [ ] 桌子(zhuōzi) 탁자
- [ ] 椅子(yǐzi) 의자
- [ ] 沙发(shāfā) 소파
- [ ] 床(chuáng) 침대
- [ ] 被子(bèizi) 이불
- [ ] 褥子(rùzi) 요
- [ ] 枕头(zhěntóu) 베개

생활용품

- [ ] 牙刷(yáshuā) 칫솔
- [ ] 牙膏(yágāo) 치약
- [ ] 肥皂(féizào) 비누
- [ ] 香皂(xiāngzào) 세숫비누
- [ ] 洗衣粉(xǐyīfěn) 세제
- [ ] 镜子(jìngzi) 거울
- [ ] 梳子(shūzi) 빗
- [ ] 剪刀(jiǎndāo) 가위
- [ ] 指甲刀(zhǐjiǎdāo) 손톱깎이
- [ ] 雨伞(yǔsǎn) 우산
- [ ] 钱包(qiánbāo) 지갑
- [ ] 钥匙(yàochí) 열쇠
- [ ] 钟表(zhōngbiǎo) 시계
- [ ] 眼镜(yǎnjìng) 안경
- [ ] 火柴(huǒchái) 성냥
- [ ] 大火机(dàhuǒjī) 라이터